St James's★★

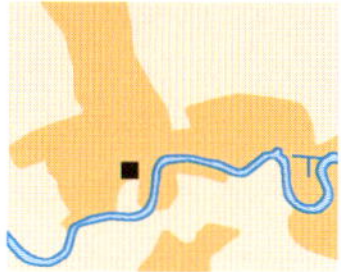

Le prestigieux quartier de St James's abrite, outre un palais royal, de vénérables demeures servant de résidences royales ou princières, des bâtiments officiels, des clubs pour gentlemen, des boutiques spécialisées et des théâtres. À l'orée de St James's Park se dresse le palais de Buckingham. Résidence officielle de la famille royale à Londres, il est accessible au public l'été, quand la reine part en vacances. Ses annexes, les écuries royales et la galerie de la Reine restent ouvertes toute l'année.

▶**Accès :** ⊖ St James's Park, Victoria, Green Park, Charing Cross.
***Plan de quartier** **p. 25**. **Plan détachable** **C/D/E5-6**.*
▶**Conseil :** Buckingham Palace n'ouvre au public qu'en août-septembre, Clarence House en août seulement. Les billets étant datés, il faut réserver longtemps à l'avance.

ST JAMES'S PALACE★★

D5 *Palais fermé au public, à l'exception de Clarence House en août. Accès par Stable Yard - ⊖ Green Park - ✆ 030 3123 7324 - www.royalcollection.org.uk - visite guidée uniquement (1h) ttes les 15mn en août : 10h-16h30, w.-end 10h-17h30 (dernière entrée 1h av. fermeture) - 10,30 £ (enf. 6,20 £).*
Le manoir de style Tudor, d… le roi et sa cour s'installèren… la destruction du palais de W… en 1698, fut construit en 1530- à la demande d'Henri VIII. Sa fa… crénelée en brique brune, domin… un imposant pavillon d'entrée d'a… médiévale, détonne quelque peu aux côtés des bâtiments d'architecture classique qui s'élèvent sur **Pall Mall★** et St James's Street. Le prince Charles y vécut jusqu'en 2004, avant d'emménager avec ses fils et Camilla à **Clarence House**, ancienne résidence de la reine mère, attenante au palais. Les hôtes de marque sont quant à eux logés à **Lancaster House**, un hôtel particulier voisin, utilisé pour certaines réceptic… officielles. Par ailleur… …ez accéder à **Char**… …adors Court - … la **Queen's** … *oct.-juil. :* … …ment … …ns cette … …es les … de la reine mère … …sèques.

THE MALL★★

D/E5 *⊖ Charing Cross.*
Il longe le parc au nord et relie Admiralty Arch au **Queen Victoria Memorial** qui s'élève devant Buckingham Palace. Cette belle avenue arborée, que parcourent les

grands défilés royaux, est dominée par les façades néoclassiques de **Carlton House Terrace**, deux vastes résidences dessinées en 1829 par **John Nash**.

ST JAMES'S PARK★★

D5 *St James's Park - 0300 061 2350 - www.royalparks.org.uk - 5h-0h.*

Ce parc royal de 23 ha, créé par Henri VIII en 1532 pour agrémenter les abords marécageux du manoir qu'il venait de se faire construire (*p. 23*), fut redessiné au 17e s. à la demande de Charles II, puis remanié au 19e s. par John Nash, l'architecte favori de Georges IV. Avec ses allées fleuries et son petit **lac**, il constitue un lieu de promenade fort agréable. Le **pont** qui enjambe le lac offre une vue sur le palais de Buckingham et Whitehall.

BUCKINGHAM PALACE★★

D5 *Buckingham Palace Rd - Victoria - 020 7766 7324 - www.royalcollection.org.uk - - de fin juil. à fin août : 9h30-19h30 (dernière entrée 17h15) ; sept. : 9h30-18h30 (dernière entrée 16h15) - 24 £ (-17 ans 13,50 £) audioguide inclus ; 42,30 £ billet combiné avec Queen's Gallery et Royal Mews - réserv. sur le site Internet recommandée.*

À l'origine de ce palais que vous pouvez admirer aujourd'hui s'élevait la demeure en brique construite en 1702 pour le premier duc de Buckingham et rachetée en 1762 par le roi **Georges III** pour l'agrément de sa jeune épouse, la reine Charlotte. D'importantes modifications furent apportées à l'édifice au cours du siècle suivant, sous les règnes de

La relève de la garde★★★ à Buckingham Palace

La Relève de la garde est l'une des attractions majeures de Londres, et elle se déroule généralement un jour sur deux (consulter le calendrier sur changing-guard.com). Dès 11h, le détachement responsable du palais de Buckingham est inspecté, rejoint 15mn plus tard par celui du palais de St James's. Ils forment ensemble la « garde descendante », par opposition à la « garde montante » qui viendra prendre la relève. Partie de la caserne de Wellington avec l'orchestre du régiment et le corps des tambours, celle-ci arrive à 11h30. Elle salue la « garde descendante » avant de se voir remettre symboliquement les clés du palais. Les sentinelles sont alors remplacées. Trente-cinq minutes plus tard, la « garde descendante » quitte la cour du palais de Buckingham pour rejoindre la caserne Wellington, tandis que la « garde montante » se sépare en deux et qu'un détachement se dirige vers le palais de St James's.

*La garde est composée de cinq régiments à pied. Ils sont vêtus de la tunique rouge à collet bleu foncé et du bonnet en poil d'ours ; ils se distinguent par la couleur du plumet et la disposition des boutons : les **Grenadiers** (1656) ont un plumet blanc à gauche et les boutons espacés régulièrement ; les **Coldstream** (1650), un plumet rouge à droite et les boutons groupés par deux ; les **Scots** (1642), aucun plumet et les boutons par trois ; les **Irish** (1900), un plumet bleu à droite et les boutons par quatre ; les **Welsh** (1915), un plumet vert et blanc à gauche et les boutons par cinq.*

SE RESTAURER
- Gymkhana 63
- St James Café 1
- Yoshino 15

PRENDRE UN VERRE
- Fortnum & Mason's Restaurants 2
- Golden Lion 8
- Ole & Steen 12
- The Ritz London 1

SHOPPING
- Cath Kidston 37
- Fortnum & Mason 4
- Hilditch & Key 24
- Lock & Co. Hatters 8

George IV, Guillaume IV et Victoria, mais la majeure partie des travaux fut conduite par l'architecte **John Nash**. Victoria fut la première souveraine à s'installer à Buckingham en 1837, et l'étendard royal y flotte depuis lors, quand la reine est présente au palais. Sur les 660 pièces que compte le palais, seules 19, les **State Rooms**, sont ouvertes à la visite. Il s'agit d'opulentes salles d'apparat utilisées pour les réceptions et banquets officiels. On accède à la salle des Gardes par le Grand Hall et le majestueux **Grand Escalier**. On admire le Salon vert, la salle à manger, le Salon bleu, le salon de musique et le Salon blanc, tous richement ornés, mais le « must » de la visite demeure la **salle du Trône** et la **galerie** de portraits rassemblant des

Birute/iStock

La relève de la garde.

chefs-d'œuvre de Van Dyck, Rubens, Rembrandt, Vermeer et Canaletto, entre autres.

Queen's Gallery★★

Par Buckingham Palace Rd - ✆ 030 3123 7324 - www.royalcollection.org.uk - ♿ - 10h-17h30 (9h30 de fin juil. à sept., dernière entrée 16h15) - fermé de mi-mai à déb. juin, de mi-nov. à déb. déc. et 25-26 déc. - 11 £; billet combiné avec Royal Mews 19 £, avec Royal Mews et Buckingham Palace 42,30 £.

À l'emplacement d'une ancienne chapelle privée, cette salle présente par roulement portraits, peintures, dessins et meubles de la superbe collection royale.

ROYAL MEWS★★

(Écuries royales)

***D6** Buckingham Palace Rd - ⊖ Victoria - ✆ 030 3123 7324 - www.royalcollection.org.uk - ♿ - avr.-oct. : 10h-17h; nov. et fév.-mars : tlj sf dim. 10h-16h (dernière entrée 45mn av. fermeture) - fermé déc.-janv. et visites officielles - 11 £ audioguide inclus; billet combiné avec Queen's Gallery 19 £, avec Queen's Gallery et Buckingham Palace 42,30 £.*

La visite du palais de Buckingham ne saurait être complète sans celle des Écuries royales, qui abritent les calèches et les voitures officielles que la famille royale utilise lors de ses déplacements. Réaménagées par l'architecte **John Nash**, elles furent installées ici en 1825 sur ordre du roi George IV. Le « clou » de cette extraordinaire collection d'équipages est sans conteste le **Carrosse d'or** *(Golden State Coach)*, exécuté en 1762 à la demande de George III et utilisé pour chaque couronnement. Dessiné par **William Chambers**, réalisé par des artistes de renom comme le sculpteur Joseph Wilton et le peintre florentin G. B. Cipriani, il pèse 4 t et doit être tiré par huit chevaux. Depuis l'introduction en 1901 de la première automobile dans les écuries par le roi Édouard VII, huit voitures officielles dont 3 Rolls Royce et 2 Bentley sont également garées ici. Mais une seule est exposée en permanence. On verra enfin les boxes immaculés des chevaux royaux, les Windsor Greys et les Cleveland Bays, ainsi qu'une belle collection d'articles de sellerie.

Mayfair★ et Piccadilly★

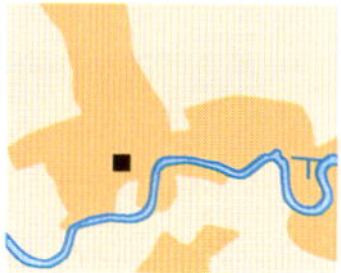

Le seul nom de Mayfair suffit à évoquer l'élégance et le luxe symbolisés par les superbes vitrines des boutiques de Bond Street. Au sud, le quartier est bordé par Piccadilly. Son extrémité est, Piccadilly Circus, avec son Éros et sa multitude d'enseignes lumineuses, constitue l'un des centres nerveux de Londres et un point de ralliement incontournable pour tous ses visiteurs.

▶**Accès :** ⊖ Bond Street, Green Park, Piccadilly Circus, Marble Arch, Hyde Park Corner.

Plan de quartier p. 28-29. Plan détachable C/D4-5.

SHEPHERD MARKET★

C5 ⊖ *Green Park - www.shepherdmarket.co.uk.*

Ce **marché** est constitué d'un dédale de ruelles et de cours pavées reliées par des passages voûtés. Les pubs d'époque victorienne et édouardienne, les petites maisons avec leurs échoppes au rez-de-chaussée, les cafés en terrasse, les restaurants d'inspiration étrangère et les **magasins d'antiquités** donnent à l'endroit un air de village cosmopolite.

BERKELEY SQUARE

C4 ⊖ *Green Park.*

Le souvenir du bois de Berkeley demeure grâce aux platanes plantés en 1789. La place fut aménagée en 1737. Du cadre architectural ancien subsistent quelques maisons du 18e s. sur le côté ouest avec leurs balcons en fer forgé, leurs porte-lanternes et leurs éteignoirs.

J. Arnold Images/hemis.fr

Berkeley Square.

MOUNT STREET

C4 ⊖ *Marble Arch ou Hyde Park Corner.*

Une atmosphère de tranquillité règne dans Mount Street qui serpente jusqu'au coin nord-ouest de Berkeley Square en passant devant le **Connaught**, édifice emblématique des luxueux hôtels de la fin du 19e s. Bordée de hautes maisons de brique aux pignons irréguliers ornés de terre cuite, cette rue offre au regard du passant de nombreuses vitrines de mobilier ancien, de tableaux, de porcelaine, etc. Pendant la guerre civile, les membres du Parlement

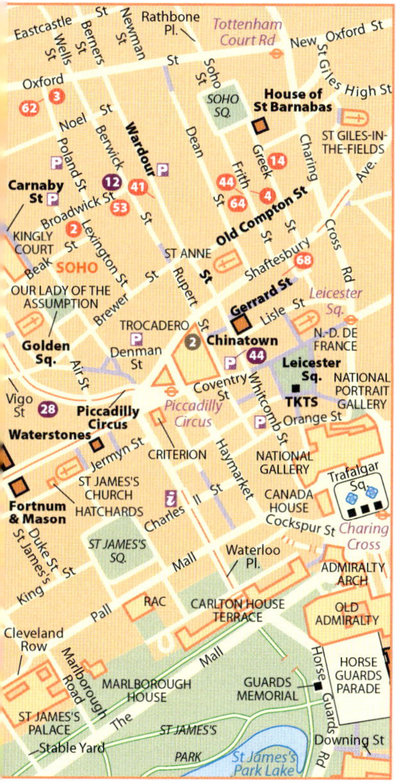

MAYFAIR PICCADILLY SOHO

0 — 500 m — 500 yards

SE RESTAURER
BAO 2
Barrafina 44
Ceviche Soho 4
Corazón Taqueria 3
Golden Union 62
Haozhan 68
Koya Bar 64
L'Autre 70
Princi 41
Scott's 57
Tibits 32
Yauatcha Soho 53
10 Greek Street 14

PRENDRE UN VERRE
Argyll Arms 9
Claridge's 4

SHOPPING
Anthropologie 39
Berwick Street 12
Charlotte Olympia 41
Hamleys 38
Hunter 28
Irregular Choice 10
Liberty 7
M&M's World 44
Stella McCartney 6
Vivienne Westwood 5

SORTIR
Bar Rumba 2
Cirque le Soir 21
The Connaught Bar 13

y élevèrent des barricades, ce qui explique le nom et la topographie de l'endroit.

BOND STREET★

C/D4 ⊖ *Bond Street.*
Ancienne ruelle de l'époque Tudor, elle traverse Mayfair du nord au sud. **New Bond Street**, construite en 1720, a compté parmi ses résidents le Tout-Londres qui employait les tailleurs sur mesure et parfumeurs du quartier. Depuis, elle est LA rue de l'élégance, bordée de maroquineries de luxe, de grands couturiers, de papeteries chic et de marchands d'art. Au n° 35 se trouve **Sotheby's**, qui, depuis

ses débuts en 1744, est devenue la plus importante salle des ventes au monde. Sa grande rivale, **Bonhams**, se situe dans le même périmètre *(7 Blenheim St.)*.
Après le groupe de bronze en hommage à Churchill et Roosevelt s'étend **Old Bond Street★**, bordée de commerces de luxe à la réputation bien établie (porcelaine, joaillerie, antiquités, etc.). Non loin se trouve le passage Regency de **Burlington Arcade**.

BURLINGTON HOUSE★

D4 ⊖ *Piccadilly Circus.*
En 1664, le 1er comte de Burlington acquit cette propriété. Son descendant entreprit en 1715 de reconstruire la demeure dans le style palladien. Restauré au 19e s., le bâtiment fut modifié une nouvelle fois en 1867-1873 dans le style néo-Renaissance. En 1869, l'arrière de Burlington House fut transformé dans le style néogothique. Ornée de tours, d'un portique et d'un porche monumentaux, cette aile de l'édifice arbore une vingtaine de statues de magistrats. Elle abrite notamment le siège de la **Royal Academy of Arts** (Académie des beaux-arts) qui soutient la création contemporaine et organise de nombreuses expositions *(☏ 020 7300 8090 - www.royalacademy.org.uk - ♿ - 10h-18h [vend. 22h], dernière entrée 30mn av. fermeture - tarifs selon les expos ; visite guidée gratuite des collections permanentes : voir le calendrier sur le site Internet)*.

PICCADILLY★

C/D4-5 ⊖ *Piccadilly Circus ou Hyde Park Corner.*
Cette célèbre artère londonienne s'étire de Piccadilly Circus à Hyde Park Corner, séparant les quartiers de St James's *(➜ p. 23)* et de Mayfair. Elle est bordée de bâtiments élégants, de clubs élitistes, de boutiques luxueuses et d'hôtels prestigieux comme le **Ritz**. Depuis son ouverture en 1906, cet hôtel d'inspiration française classique, décoré en style Louis XVI, accueille les grands de ce monde.

Fortnum & Mason

181 Piccadilly.
Fondée en 1707, cette épicerie fine à la réputation internationale est aussi connue pour son horloge musicale qui représente les deux fondateurs du magasin se saluant toutes les heures.
➜ *« Nos adresses/Shopping » p. 135.*

PICCADILLY CIRCUS★

D4 ⊖ *Piccadilly Circus.*
Autrefois considéré comme le centre de l'Empire britannique, ce carrefour bruyant s'inscrit au croisement de trois avenues importantes.
Sa belle **fontaine** a été érigée en 1893 en hommage à Lord Shaftesbury (1801-1885), célèbre philanthrope britannique.
L'*Ange de la charité chrétienne* en bronze doré qui la surmonte, communément assimilé à Éros, est devenu l'un des emblèmes de la capitale, au même titre que les enseignes lumineuses de la place.

Piccadilly Circus.

zero
159
Streatham
ARRIVA
Believe It or Not!
MUSEUM

Soho★

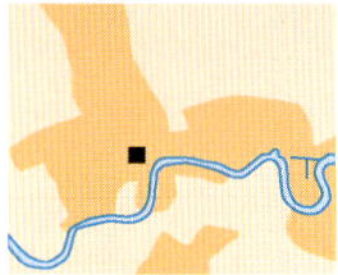

Quartier bohème à l'atmosphère parfois interlope, Soho est le repaire des publicitaires, de l'industrie cinématographique, de la mode et c'est aussi le fief de la communauté gay. La nuit, le ballet des noctambules anime les pubs, les restaurants français, italiens, grecs, chinois, antillais tandis que la foule afflue aux abords des théâtres, cinémas, clubs de jazz et boîtes de nuit.

▶**Accès :** ⊖ Oxford Circus, Tottenham Court Road, Leicester Square, Piccadilly Circus.

Plan de quartier p. 28-29. Plan détachable D/E3-4.

REGENT STREET★★

D4 *⊖ Oxford Circus ou Piccadilly Circus.*

Si le grand magasin historique Dickins and Jones a dû fermer ses portes en 2006, cette artère élégante tracée par John Nash demeure le royaume du shopping. On y trouve entre autres l'immense magasin de jouets Hamley's, Austin Reed, Hunter, Jaeger, Tommy Hilfiger, Anthropologie, etc., sans oublier le célèbre Café Royal.

LIBERTY★★

D4 *Great Marlborough St.- ⊖ Oxford Circus.*

Ce magasin fut fondé en 1875 par Arthur Liberty et se trouvait à l'origine sur Regent Street même. On trouvait dans cet « Emporium » un vaste choix d'articles importés de l'Empire britannique, que complétait du mobilier fabriqué dans des ateliers de Soho. Le magasin créa ses propres lignes de produits, copiés sur des modèles traditionnels indiens ou commandés auprès de grands créateurs proches de l'esthétisme et du mouvement Arts & Crafts. La joaillerie importait ses modèles Art nouveau du continent. Mais la marque Liberty est surtout réputée pour ses tissus de coton fin et délicat aux motifs floraux très caractéristiques, popularisés en France dans les années 1960 par la maison Cacharel.
Notez la magnifique colonnade de l'ancienne façade sur Regent Street, dominée par la statue monumentale de *Britannia* entourée de trois figures de pierre. La **façade Tudor** (1924) donnant sur Great Marlborough Street (entrée principale du magasin) fut dessinée par Edwin T. et Stanley Hall, puis construite avec du chêne et du teck provenant des deux dernières goélettes de la Royal Navy.

« Nos adresses/Shopping » p. 136.

CARNABY

D4 *⊖ Oxford Circus.*

Ce quartier en grande partie piétonnier, autour de **Carnaby Street**

Chinatown, décorations pour le Nouvel An chinois.

COSTUMIER
PERRUQUIER
旺
記
Wong Kei
45 Wardour Street
WONG KEI
YOUNG CHENG
Wong Kei
旺記

(Foubert's Place, Kingly Street, Beak Street, etc.), a été un haut lieu du Swinging London des années 1960, avant de prendre un caractère extrêmement commercial. Il a changé de nouveau et abrite désormais des magasins sophistiqués, des bars branchés, des restaurants et des clubs. Partez explorer les ruelles et cours alentour, telle la jolie **Kingly Court**, dont les coursives abritent cafés et restaurants.

GOLDEN SQUARE

D4 ⊖ *Piccadilly Circus.*
Cette belle place, qui comporte un jardin clos par des grilles, est la chasse gardée du milieu de la mode et des médias. Le calme qui y règne tranche avec l'agitation du quartier.

WARDOUR STREET

D3-4 ⊖ *Leicester Square.*
Symbole de l'industrie cinématographique des années 1930, la rue est restée le siège de nombreuses maisons de production de films. L'animation bat son plein le soir : bars et restaurants se succèdent.

HOUSE OF ST BARNABAS

D3 *1 Greek Street - ⊖ Tottenham Court Road - www.hosb.org.uk - ne se visite pas.*
Cette demeure, construite vers 1750, est aujourd'hui une association très active dans la réinsertion des sans-abri. L'entrée est flanquée de deux obélisques tandis que les pièces intérieures sont ornées de stucs. Surprenante petite chapelle néogothique conçue en 1863.

OLD COMPTON STREET

D4 ⊖ *Piccadilly Circus.* Cette rue bordée de pubs, de restaurants, de marchands de vin, de pâtissiers et d'épiceries italiennes, est l'un des lieux de rendez-vous de la communauté gay.

CHINATOWN★

D4 ⊖ *Leicester Square.*
Gardée par de grands portiques orientaux, **Gerrard Street** est le centre de ce quartier coloré, qui frappe par le caractère exotique de ses restaurants, de ses boutiques et autres centres de médecine chinoise. C'est là que se déroulent chaque année les célébrations traditionnelles du Nouvel An chinois *(janv. ou fév.)*.

LEICESTER SQUARE★

D/E4 ⊖ *Leicester Square.*
Récemment rénovée et entièrement piétonne, cette vaste place fut longtemps le cœur du monde du spectacle londonien, comme en témoigne toujours le bâtiment de l'Empire Theatre (1884) au nord de la place. Aujourd'hui bordée de magasins, de restaurants et de salles de cinéma, Leicester Square est un lieu de passage très fréquenté et animé, où on appréciera une petite pause face à la fontaine élevée en 1874 à la mémoire de Shakespeare. Côté sud, le **kiosque TKTS** permet de se procurer des places de théâtre à demi-tarif pour le jour même.

Covent Garden★

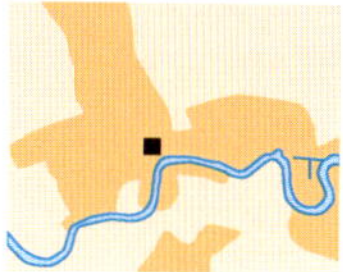

Covent Garden n'est pas le quartier le plus typique de Londres, mais il constitue le cœur vivant du centre touristique. Les badauds venus flâner sur la Piazza ont remplacé les commerçants qui envahissaient jadis les abords du marché. En soirée, la clientèle des pubs déborde sur les trottoirs, et les amateurs de théâtre se pressent dans les restaurants avant d'aller assister à l'un des nombreux spectacles donnés dans le quartier.

▶**Accès :** ⊖ Covent Garden.
Plan de quartier p. 36. Plan détachable E4.

THE PIAZZA★

E4 Bâtie sur l'emplacement du jardin *(garden)* d'un couvent (*covent;* en fait l'abbaye de Westminster), cette place fut conçue en 1631 par **Inigo Jones** à la demande de Francis Russell, 4e comte de Bedford, devenu propriétaire du domaine après la Réforme. Le célèbre architecte *(p. 172)* s'inspira de la Place royale de Paris (actuelle place des Vosges) et de la Piazza Grande de Livourne (Italie) qu'il avait pu admirer quelques années auparavant. De la place qu'Inigo Jones conçut ne restent que les maisons situées à l'ouest de Russell Street (reconstruites).

COVENT GARDEN MARKET

E4 Sous la belle halle, l'ancien marché aux fleurs, aux fruits et aux légumes fondé au 16e s. (et que rendit célèbre l'Eliza Doolittle de G. B. Shaw) a été transféré en 1974 à Nine Elms (près de Vauxhall), et remplacé par un marché artisanal.
Des boutiques, cafés et restaurants ont été aménagés dans les anciens entrepôts, dessinés en 1832 par Charles Fowler et reliés par des verrières en 1872.

ROYAL OPERA HOUSE★

E4 *Bow St. - ✆ 020 7304 4000 - www.roh.org.uk - visite guidée des coulisses du théâtre (1h15) et de l'auditorium (45mn), sur réserv., voir calendrier sur le site Internet - 12 £/9,50 £ (interdit aux -8 ans).*
L'**Opéra royal** fut fondé en 1732. L'édifice actuel, bâti de 1856 à 1858 par Edward M. Barry, est le troisième théâtre à avoir été construit sur cet emplacement et a subi d'importants travaux de rénovation dans les années 1990. Dédié à l'opéra et au ballet, il abrite une salle de plus de 2200 places et accueille l'Opéra royal, le Ballet royal et l'Orchestre royal.

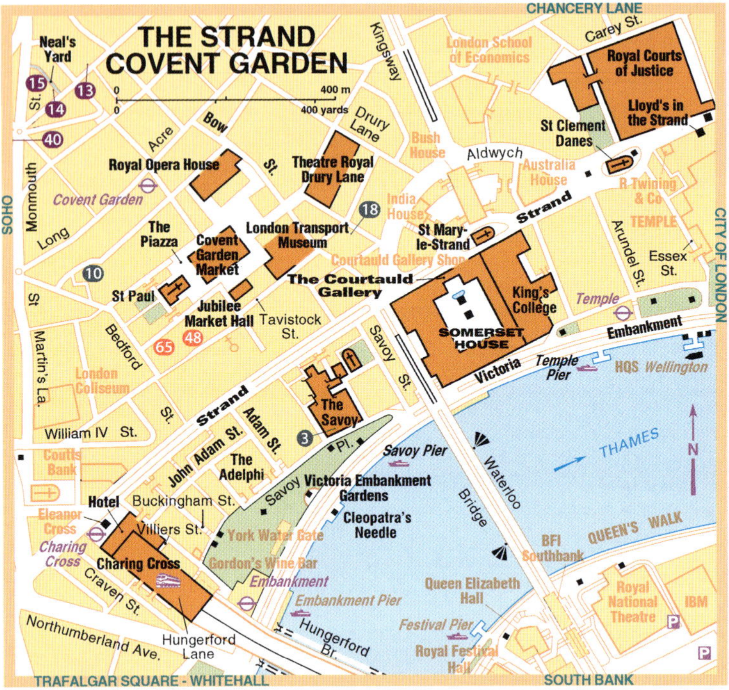

SE RESTAURER		PRENDRE UN VERRE		SHOPPING	
Flat Iron	65	Lamb & Flag	10	Magma	13
Rules	48	Primrose Bakery	18	Neal's Yard Dairy	14
		The Savoy	3	Neal's Yard Remedies	15
				Tatty Devine	40

Pubs et clubs de gentlemen

*La partie sud-ouest de Covent Garden est célèbre pour ses Gentlemen's clubs. Le **Garrick** (1831) et le **Beefsteak** (9 Irving Street) perpétuent cette tradition plus que séculaire. Le **Rules** (34-35 Maiden Lane), le plus ancien écailler de Londres (1798), connaît toujours une affluence mondaine. En retrait de Garrick Street se dresse la plus vieille taverne du quartier, le **Lamb & Flag**, ouvert depuis 1623 (« Nos adresses / Prendre un verre » p. 131).*

THEATRE ROYAL DRURY LANE

E4 Fondé en 1663, il est le quatrième théâtre élevé à l'emplacement d'un premier édifice construit à la Restauration. Le bâtiment actuel est l'œuvre de Benjamin Wyatt. C'est là que le roi Charles II rencontra en 1665 l'actrice anglaise Nell Gwyn (1650-1687), la plus célèbre de ses maîtresses, dont il eut deux enfants illégitimes.

LONDON TRANSPORT MUSEUM★

E4 *Covent Garden Piazza - ✆ 020 7379 6344 - www.ltmuseum.co.uk - ♿ - 10h-18h (dernière entrée 17h15) - 17,50 £ (billet valable un an) - 18 ans gratuit.*
Très apprécié des familles, ce musée interactif retrace deux cents ans d'histoire et de technologie. Constituée dans les années 1920 et 1930 par la London General Omnibus Company, la collection fut transférée en 1980 dans ce bâtiment de l'ancien marché aux fleurs. Les expositions présentent le développement et l'impact sur Londres de son réseau de transports urbains, l'un des plus vastes au monde, notamment au moyen d'animations audiovisuelles. On y voit aussi des véhicules tels que l'omnibus à cheval Shillibeer (1829-1834), une motrice de métro de 1866 ou le premier autobus de 1910.

JUBILEE MARKET HALL

E4 Aux marchands de souvenirs qui occupent la halle du mardi au vendredi succèdent artistes et artisans les samedi et dimanche, et des antiquaires le lundi. Le Jubilee Hall (1904) abrite un centre de loisirs.

ST PAUL'S CHURCH★

E4 *Entrée par la Piazza ou Bedford St. - ✆ 020 7836 5221 - www.actorschurch.org - ♿ - lun.-vend. 8h30-17h, dim. 9h-13h, sam. consulter le site Internet.*
Cette harmonieuse église en brique rose de style toscan, bâtie par Jones en 1633, fut fidèlement reconstruite après l'incendie qui l'endommagea en 1795. Elle est également connue sous le nom d'église des Acteurs *(Actors'Church)*, car ses caveaux et son cimetière abritent plusieurs célébrités, dont le sculpteur **Grinling Gibbons**.

NEAL'S YARD★

E4 *Entre les rues Shorts Garden et Monmouth St.*
Restaurants végétariens, fromagerie, magasins de produits biologiques et de médecine douce sont venus s'installer dans cette cour pittoresque et colorée, qui a su conserver son charme d'antan avec ses systèmes de levage, ses pigeonniers, ses jardinières et ses arbres décoratifs en bacs.

The Strand★

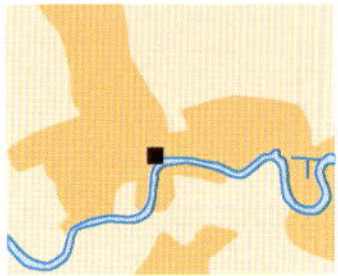

Situé à la lisière de Covent Garden et de la City, le quartier présente de nombreux atouts, malgré le trafic incessant qui l'encombre. Bordé de beaux immeubles hérités de son passé aristocratique, il abrite d'élégants hôtels, des théâtres animés et, à Somerset House, de magnifiques collections d'art, tout en restant fidèle à sa réputation de quartier où l'on sort.

▶**Accès :** ⊖ Temple, Charing Cross, Embankment.
Plan de quartier p. 36. Plan détachable E/F4-5.

CHARING CROSS STATION

E4-5 ⊖ *Charing Cross ou Embankment.*
Desservant, avec Victoria Station, le sud de l'Angleterre, la gare de Charing Cross a été édifiée en 1863. Juste à côté, l'**Hôtel de la Gare** (1864) néogothique, dont les deux étages supérieurs furent ajoutés ultérieurement, est l'œuvre d'E. M. Barry. À l'arrière, les bâtiments datant de 1990 sont remarquables par la grande arche blanche qui couvre partiellement le viaduc ferroviaire dû à Terry Farrel. Un **marché des collectionneurs** *(Charing Cross Collectors Market)* se tient le samedi au bout de Villiers Street, sous le viaduc.

VICTORIA EMBANKMENT GARDENS★

E4 ⊖ *Embankment.*
Sur le **quai Victoria**, des jardins ont été créés en 1864 ; des concerts y sont donnés en été. De l'autre côté, sur le bord du fleuve, s'élève l'**aiguille de Cléopâtre** *(Cleopatra's Needle)*, obélisque égyptien en granit rose érigé en 1878 et offert à Georges IV par Méhémet Ali. Il ne s'agit pas de l'aiguille originale, qui se trouve aujourd'hui dans Central Park à New York. Sans son piédestal, l'obélisque mesure 21 m de hauteur (celui de New York, 23,5 m ; celui de Rome, 25 m) et pèse 182,5 t.

THE ADELPHI

E4 ⊖ *Charing Cross ou Embankment.*
Ce quartier abrité se cale entre le Strand et la Tamise, de Villiers Street à Adam Street. Il fut, aux 18e et 19e s., une sorte de petite Athènes ayant la faveur des artistes. À partir de 1768, les **frères Adam**, tous trois architectes, réalisèrent le quartier des Adelphi. Ils y créèrent un ensemble urbain sur plan régulier dont les rues étaient bordées de façades analogues, de style antique. Malheureusement, la famille Adam se ruina et les demeures devaient presque toutes disparaître à partir de la seconde moitié du 19e s. Deux beaux exemples au moins subsistent, typiques du style Adam.

J. Arnold/Agency Jon Arnold Images/age fotostock

La patinoire prend ses quartiers d'hiver devant Somerset House.

Dans **John Adam Street**, au n° 8, la charmante façade arrière, surmontée d'une jolie statue, de la **Royal Society of Arts** (1774), est visible du haut du petit escalier qui relie Durham House Street au Strand. Un peu plus loin, dans **Adam Street**, au n° 7, une maison présente des pilastres sculptés de chèvrefeuilles.

THE SAVOY★

E4 *⊖ Charing Cross.*
Le Savoy est un complexe comprenant une chapelle, un **théâtre** construit par Richard d'Oyly Carte en 1881, le premier immeuble londonien éclairé à l'électricité, et un **hôtel** d'exception dû au même architecte. Typiquement britannique, l'hôtel Savoy, l'un des plus connus de Londres, occupe l'emplacement du palais de Savoie bâti en 1246 par Henri III Plantagenêt et résidence de Pierre, comte de Savoie. Il a rouvert en 2010 après une importante rénovation qui a nécessité le travail de 1000 ouvriers, artistes et artisans!

SOMERSET HOUSE★★

E4 *Accès par le Strand et Victoria Embankment - ⊖ Temple - ✆ 020 7845 4600 - www.somersethouse.org.uk - visite guidée gratuite (45mn-1h) : mar. 12h45 et 14h15, jeu. 13h15 et 14h45, sam. ttes les heures 12h15-15h15.*

Ce superbe bâtiment en pierre de Portland s'étirant entre le Strand et la Tamise fut dessiné par l'architecte **William Chambers** *(p. 173)* et érigé à la fin du 18e s. sur le site d'un ancien palais royal voulu par le lord-protecteur Somerset en 1547. Son étroite façade sur le Strand n'impressionne pas vraiment, mais l'on saisit toute la beauté du lieu une fois le portique franchi. Une vaste cour est piquetée d'élégants jets d'eau qui font en été le bonheur des petits et des grands. De nombreuses animations (concerts, spectacles son et lumière, etc.) sont organisées sur la Piazza de Somerset House tout au long de l'année.

THE COURTAULD GALLERY★★

E4 *Somerset House - Temple - 020 7848 2526 - courtauld.ac.uk - - 10h-18h (dernière entrée 17h30) - fermé 25 déc. - 8 £.*

Connus sous le nom de **Fine Rooms**, ces salons donnant sur le Strand, remarquables par leurs proportions et leurs élégants plafonds de stuc, accueillent les collections du Courtauld Institute of Art, léguées à l'université de Londres : la collection exceptionnelle d'œuvres **impressionnistes** de Samuel Courtauld comprend des toiles de Manet *(Un bar aux Folies-Bergère)*, Van Gogh *(Autoportrait à l'oreille coupée)*, Cézanne *(Le Lac d'Annecy)*, etc. ; la Princes Gate Collection comprend 30 huiles de **Rubens** et 6 dessins de **Michel-Ange**, ainsi que des tableaux de Bruegel, Léonard de Vinci, Tiepolo, Dürer, Rembrandt, Bellini, le Tintoret et Kokoschka. Vous verrez également des peintures de primitifs et d'artistes italiens de la Renaissance, ainsi que des toiles du **groupe de Bloomsbury**. Le fonds, présenté par roulement, a été enrichi par le prêt à long terme de grandes œuvres des 19e et 20e s. issues de collections privées : peintures (Matisse, Derain, Dufy, Léger, Delaunay, Kandinsky) et sculptures (Degas, Rodin, Moore, Hepworth).

ST MARY-LE-STRAND

E4 *The Strand - Temple - 020 7836 3126 - www.stmarylestrand.org - lun.-vend. 10h-16h, dim. 10h-13h.*

Bâtie par **James Gibbs** entre 1714 et 1724, cette église de style baroque présente un porche en rotonde, un toit en terrasse et un clocher étagé se terminant par un lanternon.
À l'intérieur, son plafond à caissons est sculpté de motifs de fleurs ou de chérubins. Abstraction faite du clocher, l'édifice ressemble à un petit palais.
St Mary-le-Strand est connue comme « l'église des chauffeurs de taxi ».

ST CLEMENT DANES★

F4 *St Clement Danes Church Strand - Temple - 020 7242 8282 - - 9h-16h, sam. 10h-15h, dim. 9h30-15h - fermé j. fériés.*

Des Danois furent jadis enterrés en ce lieu où **Wren** construisit, en 1682, l'actuel édifice dont le clocher, refait par **Gibbs** en 1719, présente un certain nombre d'analogies avec

ultraforma/iStock

The Strand.

celui de St Mary. L'église, incendiée en 1941, a été restaurée entre 1955 et 1958 sous les auspices de la Royal Air Force dont elle est devenue le sanctuaire (735 écussons d'unités sont incrustés dans le sol). L'intérieur, très harmonieux, présente les bancs et les tribunes chers à **Wren** ; leurs teintes foncées contrastent avec les tons clairs des piliers et de la voûte aux stucs se détachant en blanc sur des fonds gris. Chaire de **Grinling Gibbons**.

ROYAL COURTS OF JUSTICE

F4 *⊖ Temple.*
Le **Palais de justice** est un important bâtiment, de style Perpendicular, édifié entre 1874 et 1882. Les juges y siègent en robe rouge à col d'hermine et grosse perruque, alors que les avocats sont en toge et petite perruque.

LLOYD'S IN THE STRAND

F4 *222 Strand - ⊖ Temple.*
La **Taverne du Comte Palatin** *(Palsgrave's Tavern)* doit son nom au comte palatin Frédéric, gendre de Jacques Ier, dont il épousa la fille Élisabeth, et roi de Bohême.
Le souvenir de ces trois personnages est rappelé dans la singulière décoration en faïence de Doulton de cet immeuble qui servit de restaurant du Palais de justice à partir de 1883. Le bâtiment abrite depuis 1895 une succursale de la banque Lloyds.

Temple★ et Fleet Street

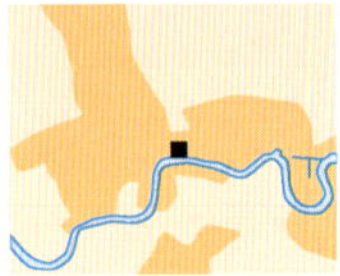

Temple et Fleet Street renvoient à deux traditions différentes : celle du droit pour le premier, celle de la presse écrite pour la seconde.

▶**Accès :** ⊖ Temple. ***Plan de quartier ci-contre. Plan détachable F4.***

TEMPLE★

F4 *Accès par Inner Temple Gateway (entre les nos 16 et 17 de Fleet St.).*
Un surprenant dédale de cours, de voûtes, de passages et de jardinets descend vers les berges de la Tamise. Ces terrains, qui doivent leur nom aux templiers établis ici au 12e s. avant de céder la place à l'ordre de Malte, furent occupés après la Dissolution par des écoles et des cabinets d'avocats. Toujours voué aux activités juridiques, c'est un véritable havre de paix qui abrite des édifices des 17e et 18e s.

Temple Church★★

King's Bench Walk - ✆ 020 7353 8559 - www.templechurch.com - ♿ - lun.-vend. 10h-16h, mais il y a des exceptions... consultez le calendrier sur le site Internet.
Bâtie au 12e s. sur le plan circulaire propre aux églises de l'ordre de Malte, elle présente un porche roman.
La rotonde, dans le style de transition roman-gothique, contient quelques gisants de chevaliers (12e-13e s.), tandis que le chœur offre un bel exemple de style Early English.

FLEET STREET

F4 Ce fut la terre de prédilection des journalistes jusqu'à ce que la technologie transforme la production des grands quotidiens, qui transférèrent leurs bureaux vers les Docklands.
Cette grande artère, qui est aussi une route royale, est bordée d'imposants immeubles de styles très variés. Au no 1 trône la plus ancienne banque anglaise, la Royal Bank of Scotland.

ST BRIDE'S★

F4 *Fleet St. - ⊖ Blackfriars - ✆ 020 7427 0133 - www.stbrides.com - lun.-vend. 8h-18h, sam. 10h-15h30, dim. 10h-18h30, fermé j. fériés - visite guidée (1h30) mar. 14h15 (sf déc.), 6 £ - concerts gratuits (voir la programmation sur Internet).* La célèbre **flèche**★★ blanche de St Bride's conçue par **Wren** fut incendiée en 1940 ; seuls la carcasse et le clocher restèrent debout. L'extérieur de l'édifice a été restauré d'après la conception originale de Wren, avec de grandes baies arrondies entre les portes à frontons surmontés de fenêtres circulaires. À l'intérieur, un retable néoclassique clôture la nef et ferme l'abside.

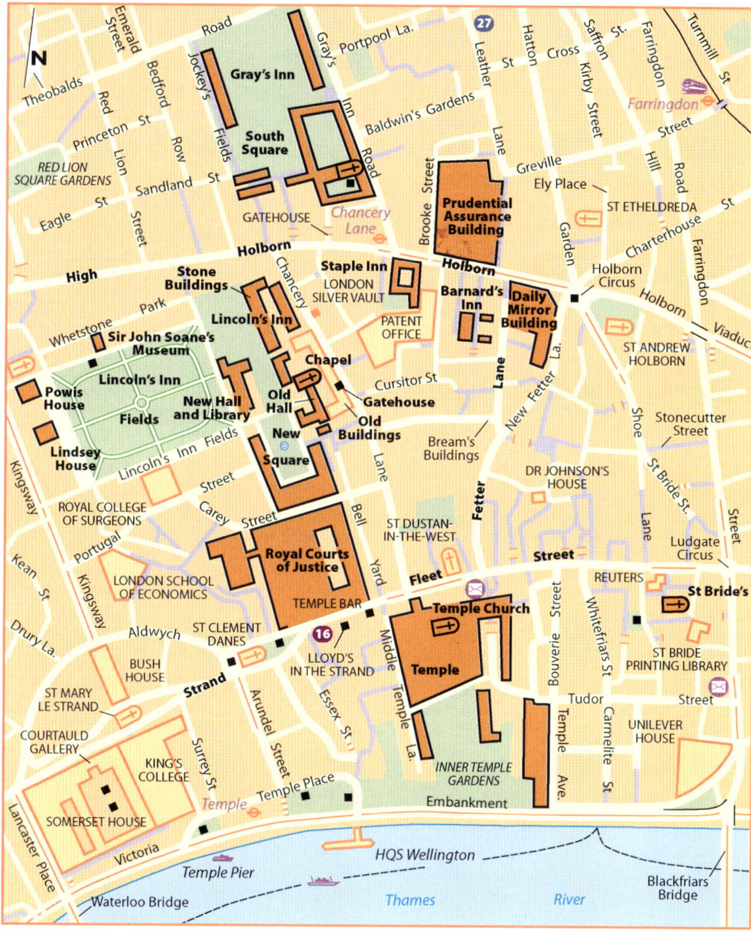

TEMPLE
FLEET STREET
CHANCERY LANE

0 — 200 m
200 yards

PRENDRE UN VERRE

Craft Beer Co.................................. 27

SHOPPING

Twinings.. 16

Chancery Lane★

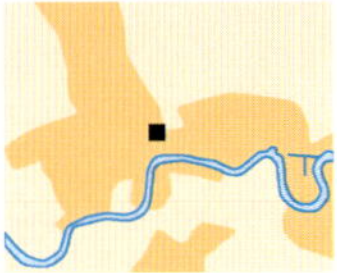

Ce quartier délimité par High Holborn et Fleet Street doit son caractère aux anciennes traditions des Inns of Court. Prenez le temps de vous promener dans les ruelles afin de découvrir l'histoire fascinante qui se cache derrière les sites actuels et assure une certaine continuité à travers les âges. Les places verdoyantes et paisibles permettent d'échapper aux foules de visiteurs et de clients des centres commerciaux.

▶**Accès :** ⊖ Holborn, Chancery Lane.
***Plan de quartier** **p. 43**. **Plan détachable E/F3**.*

LINCOLN'S INN FIELDS

E3 *⊖ Holborn.*
Vers 1650, un lotisseur, qui avait acquis les terrains s'étendant à l'ouest de Lincoln's Inn, édifia des maisons sur trois des côtés du jardin, havre de paix au cœur d'un quartier très animé. L'une d'elles, **Lindsey House**, probablement dessinée par Inigo Jones, existe encore, bien que divisée aujourd'hui (n°s 59 et 60). Plusieurs maisons datent du 18e s., comme celles des n°s 57 et 58, construites en 1730 dans le style palladien, et **Powis House** (1777) au n° 66, dont la baie centrale est surmontée d'un fronton.
Sur le côté nord, les n°s 1-2 sont du début du 18e s.; les n°s 5 à 9, de style georgien; et le n° 15, du milieu du 18e s.
Au sud s'élèvent des bâtiments officiels : le **Land Registry** (cadastre) de style Jacques Ier, le néogeorgien collège Nuffield de chirurgie (1956-1958) et le Collège royal des chirurgiens (fin 19e-début 20e s.).
À l'angle de Portsmouth Street, un bâtiment à moitié en bois affiche la date de 1567.

SIR JOHN SOANE'S MUSEUM★★

E3 *13 Lincoln's Inn Fields - ⊖ Holborn - ✆ 020 7405 2107 - www.soane.org - ♿ - merc.-dim. 10h-17h (dernière entrée 16h30) - gratuit - audioguide - visite guidée jeu.-vend. 12h, sam.-dim. 11h et 12h, 12,50 £ - nocturne thématique aux chandelles une fois par mois (se renseigner) - fermé 24-26 déc.*
Entre 1792 et 1823, l'**architecte John Soane** acquit, remodela et réunit les n°s 12, 13, 14 de Lincoln's Inn Fields pour en faire sa résidence familiale, ses bureaux et un musée. En 1833, le Parlement britannique vota une résolution garantissant la pérennité de son musée après sa mort, sans qu'aucune modification ne soit apportée à l'aménagement intérieur. Aussi, les collections, outre leur intérêt propre, permettent de pénétrer dans l'univers d'un grand collectionneur de cette époque pour une visite au charme insolite.
Les pièces sont petites, les couloirs étroits, les escaliers modestes,

Sir John Soane's Museum.
TPX 'Prism'/age fotostock

mais la disposition ingénieuse des miroirs, cloisons mobiles, éclairages et fenêtres sur cours intérieures ainsi que la décoration augmentent volumes, surfaces et perspectives. Fragments, moulages et modèles sont exposés de part et d'autre des galeries, tandis qu'au sous-sol se trouvent la crypte (urnes et vases funéraires), le parloir du moine et la chambre sépulcrale contenant le sarcophage de Séthi Ier (vers 1300 av. J.-C.).

Au 1er étage sont exposés maquettes, estampes, plans d'architecture et livres rares. Le salon sud contient un tableau de Turner, accroché en face de la cheminée.

Au rez-de-chaussée, la salle à manger, le bureau, la salle à coupole réservée au petit-déjeuner et le portrait de Soane à 75 ans peint par Lawrence sont très évocateurs. La **collection de tableaux** (salle des peintures) comprend des dessins originaux de Piranèse, des scènes satiriques de **Hogarth**, mais aussi des toiles de Canaletto, Reynolds et Turner.

Au sous-sol, les anciennes cuisines recèlent le plus ancien fourneau breveté du monde.

LINCOLN'S INN★★

F3 ⊖ Chancery Lane - ✆ 020 7405 1393 - www.lincolnsinn.org.uk - parc : lun.-vend. 7h-19h - chapelle : lun.-vend. 9h-17h - fermé j. fériés. Pas de visites guidées jusqu'à l'automne 2018 pour cause de travaux de rénovation.

Le site appartint aux dominicains jusqu'en 1276, puis fut acquis par le comte de Lincoln qui y fit construire une grande demeure devenue une résidence pour étudiants en droit.

Une porte principale donne accès à l'enchevêtrement de cours et de bâtiments entourés de jardins et de remises. Des constructions du 17e s., occupées surtout par des études d'avocats, encadrent **New Square**.

Les **Stone Buildings** ont été édifiés vers 1775 dans le style classique.

La **Nouvelle Salle** *(New Hall)* et la **bibliothèque** *(Library)* occupent un grand bâtiment de style Tudor (1845-1873).

La partie sud est marquée par des édifices de brique à pignons, de style Tudor (reconstruits en 1609), les **Old Buildings**. L'immeuble le plus ancien de Lincoln's Inn, l'**Old Hall**, date de 1490.

La **chapelle** *(accès par escalier à gauche du Old Hall)* est de style

Inns of Court

*Les Inns of Court, écoles de droit de la capitale, supervisent la profession et préparent les étudiants ayant achevé leurs études de droit à l'accession au barreau. Gray's Inn, Lincoln's Inn, Inner Temple et Middle Temple forment ensemble **Chancery Lane**, épine dorsale du Londres juridique. Les bâtiments ne se visitent pas, mais la journée, en semaine, il est agréable de se mêler au ballet des avocats pressant le pas pour rejoindre leurs études, de flâner le long des allées ombragées qui bordent les jardins ou parmi le labyrinthe de cours et d'édifices élevés entre les 15e et 18e s.*

gothique, bien que reconstruite entre 1619 et 1623. Les vitraux de la même époque sont dus à des artistes flamands, les frères Van Linge. Jadis, les avocats recevaient leur clientèle dans la galerie basse. Les fidèles et les trésoriers y ont laissé leurs noms et leurs armoiries : Thomas More, Richard Cromwell, Horace Walpole, William Pitt, Lord Brougham, Disraeli, etc.
Le **pavillon d'entrée** *(Gatehouse)*, en brique et à tourelles d'angle, date de 1518. Les massives portes de chêne qui ferment l'arche à quatre cintres sont d'origine. Les armes d'Henri VIII, du comte de Lincoln et de Sir Thomas Lovell figurent juste au-dessus.

GRAY'S INN★

E/F3 *South Square - ⊖ Chancery Lane.*
Les fondations de cette école de droit remontent au 14e s., tandis que les bâtiments datent du 16e s.
L'entrée principale est marquée par un élégant corps de garde de 1688.
À l'intérieur de l'enceinte, **South Square**, entièrement reconstruite à l'exception du nº 1 qui date de 1685, est ornée d'une belle statue en bronze du philosophe **Francis Bacon**, le membre le plus illustre de Gray's Inn.
Le hall a été rebâti dans le style du 16e s. avec des gables aux rampants étagés sur chaque pignon et un remplage Perpendicular tardif.
Les jardins étaient alors l'une des promenades favorites des Londoniens. De magnifiques grilles en fer forgé du début du 18e s. les ferment au sud.

STAPLE INN★

F3 *⊖ Chancery Lane.*
À la limite de la City, Staple Inn est l'une des neuf écoles de la chancellerie où les étudiants en droit passaient leur première année ; elle dépendait de Gray's Inn. Construite en partie en bois, elle représente l'une des très rares vues du Londres médiéval.
La façade sur Holborn, à pans et balcons en encorbellement, remonte aux années 1586-1596 et constitue le seul exemple d'architecture urbaine élisabéthaine subsistant dans la ville. Un passage voûté donne accès à une charmante cour entourée de d'édifices du 18e s., au-delà desquels s'étend un jardin.

HIGH HOLBORN

F3 *⊖ Chancery Lane.*
Sur le chemin de Holborn Circus s'élève l'édifice massif et rouge du **Prudential Assurance Building**, conçu par A. Waterhouse (début du 20e s.).
Juste en face, celui de **Barnard's Inn** abrite aujourd'hui le **Gresham College**, la première université libre de Londres. Fondée en 1597 par Sir Thomas Gresham dans sa résidence de Bishopsgate au cœur de la City, l'institution s'installa dans ces constructions en 1843.
Du même côté de la rue, entre Fetter Lane et New Fetter Lane, le curieux **Daily Mirror Building** se distingue par sa façade de pierre, haute de plus de 50 m, épaulée et dominée par des bâtiments de verre (1957-1960).

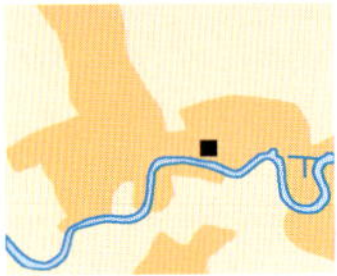

The City★★★

(La Cité)

Également connue sous le nom de « Square Mile » (mile carré), la City s'étend sur la rive nord de la Tamise. Elle est limitée par le tracé de l'ancien mur de Londres qui définissait la ville romaine et médiévale. Quartier financier de la capitale et place boursière mondiale de première importance, sous l'effet de son extraordinaire succès, la City s'est métamorphosée et compte nombre de grandes réussites architecturales. Principalement lieu de travail, elle est néanmoins parsemée de bars, de restaurants et de boutiques.

▶**Accès :** ⊖ St Paul's, Mansion House, Bank, Cannon Street, Monument, Aldgate, Barbican, Liverpool Street.

Plan de quartier p. 50-51. Plan détachable F/G/H3-4.

▶**Conseil :** Visitez la City en semaine et en journée, car le week-end et en soirée, le quartier est désert.

ST PAUL'S CATHEDRAL★★★

G4 St Paul's Churchyard - ⊖ St Paul's - ✆ 020 7246 8350 - www.stpauls.co.uk - ♿ - lun.-sam. 8h30-16h30 ; galeries : 9h30-16h15 - visite guidée (env. 1h30) : à 10h, 11h, 13h et 14h - 18 £ audioguide inclus.

Couronnant la City de sa gigantesque coupole, la cathédrale St-Paul, chef-d'œuvre de **Christopher Wren** (*p. 173*), s'élève sur la colline de **Ludgate**. La première pierre de la cathédrale, conçue par Wren après le Grand Incendie, fut posée le 21 juin 1675. Trente-trois ans plus tard, l'architecte put voir son fils placer au sommet de la lanterne la dernière pierre de l'édifice.

Extérieur

C'est de l'esplanade située au sud du monument que se découvre la perspective la plus spectaculaire. À la différence du dôme de St-Pierre qui influença Wren, le **dôme★★★** de St-Paul n'a pas vraiment la forme d'un hémisphère. Son tambour est à deux niveaux : le niveau inférieur est ceint d'une colonnade et coiffé d'une balustrade, tandis que le niveau supérieur forme une galerie panoramique circulaire, la **Stone Gallery**. Au sommet du dôme, la lanterne est dans le sobre style baroque anglais, avec des colonnes sur ses quatre côtés ainsi qu'une petite coupole servant de plinthe à la calotte d'or de 2 m de diamètre. L'**extrémité ouest**, précédée de deux larges volées d'escaliers, présente un portique à deux niveaux et des colonnes sous un fronton décoré, surmonté du portrait de saint Paul. De l'autre côté s'élancent les tours les plus baroques jamais réalisées par **Wren** comme pour mettre en valeur

coldsnowstorm/iStock

La cathédrale Saint-Paul au cœur de la City.

le dôme. Ne manquez pas d'observer les sculptures extérieures, réalisées en partie par **Grinling Gibbons**.

Intérieur

Riche et imposant, il vaut pour l'époustouflante envolée de sa grande coupole, aussi large que la nef et ses bas-côtés réunis, et décorée par **James Thornhill** de peintures en grisaille. Dans la nef, remarquez l'imposant mausolée de Wellington; en face, dans le transept nord, une peinture de W. Holman Hunt exécutée en 1900, *La Lumière du monde*.
De la **galerie des Murmures** située sous la coupole *(259 marches)*, le visiteur sera impressionné par les vues vertigineuses sur le transept et la coupole. Notez l'effet acoustique bizarre qui a valu son nom à la galerie. Le **panorama**★★★ depuis la **galerie d'Or**, tout en haut de la coupole *(543 marches)*, permet de découvrir Londres et la Tamise.
Les bras du transept ont peu de profondeur : le bras gauche contient des fonts baptismaux sculptés en 1727 par **Francis Bird**, le droit abrite la superbe statue de Nelson par **Flaxman**. Dans le chœur, les magnifiques **stalles**★★ sont l'œuvre de **Gibbons**. La gracieuse sculpture de la Vierge à l'Enfant placée dans le bas-côté nord est de **Henry Moore** (1984). Dans le déambulatoire de droite, notez l'étonnante statue du poète John Donne, doyen de St Paul entre 1621 et 1631, de même que les curieuses installations vidéo de Bill Viola.

Clerkenwell
Rd
Turnmill
Britton
St
John's La.
John
St
A1
Golden
La.
Fortune
St
Whitecross
St
Lamb's
Passage
Bunhill
Row
City Rd
Tabernacle St
Charterhouse
Farringdon
Benjamin
St
Cowcross St
A201
CHARTERHOUSE
SQ.
Barbican
Barbican
Arts Centre
Chiswell
St
Finsbury
Square
Lackington
St
Milton St
La.
Silk St
Ropemaker St
Moor
Farringdon
Rd
SMITHFIELD
MARKET
Charterhouse
Long
La.
Aldersgate St
St Bartholomew-
the-Great
W Smithfield
ST GILES
CRIPPLEGATE
Moorgate
Moorgate
Fore St
Finsbury
Circus
Museum
of London
Hosier La.
ST
BARTHOLOMEW'S
HOSPITAL
Snow Hill
Cock La.
POL
Giltspur St
London
Wall
BARBICAN
Basinghall
St
Newgate
King Edward St
St Martin's le Grand
Noble St
Wood St
Love
La.
Copthall
Ave.
Throgmorton
Ave.
City
Thameslink
Fleet
Passage
St
Guildhall
Gresham
St
Gutter Ln
Foster Ln
Coleman
Moorgate
St Margaret
Lothbury
Bride St
Rd
Limeburner La.
Old Bailey
J
St Paul's
Wood St
Guildhall Art
Gallery & London's
Roman
Amphitheatre
Old Jewry
6
Museum
ST PAUL'S
CATHEDRAL
ST VEDAST
Bank
of England
Royal
Exchange
Ludgate
Hill
ST BRIDE'S
50
St Mary-
le-Bow
Cheapside
St Paul's Churchyard
Watling St
7
ST MARY
ALDERMARY
Mansion
House
Cornhill
ST MICHAEL'S
Carter La.
Tudor St
26
Knightrider
St
COLE ABBEY
PRESBYTERIAN
Cannon
35
Walbrook
King William St
ST MARY
WOOLNOTH
Carmelite St
Queen Victoria
St
Mansion
House
Cloak La.
St Stephen
Walbrook
Blackfriars
T
Tallow Chandler's Hall
Street
St
Swithin's
Lane
College St
Cannon
Street
Upper
ST. JAMES
GARLICKHYTHE
Skinner's
Hall
Monument
Blackfriars Bridge
Millennium
Bridge
Cousin La.
Thames
CANNON
STREET
The Monument
Angel
La.
Swan
La.
Upper
Ground
BANKSIDE
GALLERY
Bankside
Southwark
Bridge
London Bridge
Rennie
St
Hopton St
Holland St
TATE
MODERN
SHAKESPEARE'S
GLOBE
Park
St
ROSE
THEATRE
Bridge Rd
Park
St
CATHEDRAL
Pars Garden
A201
Southwark
Bridge
Rd
Great
Guildford St
St
Southwark
BOROUGH
Duke St Hill

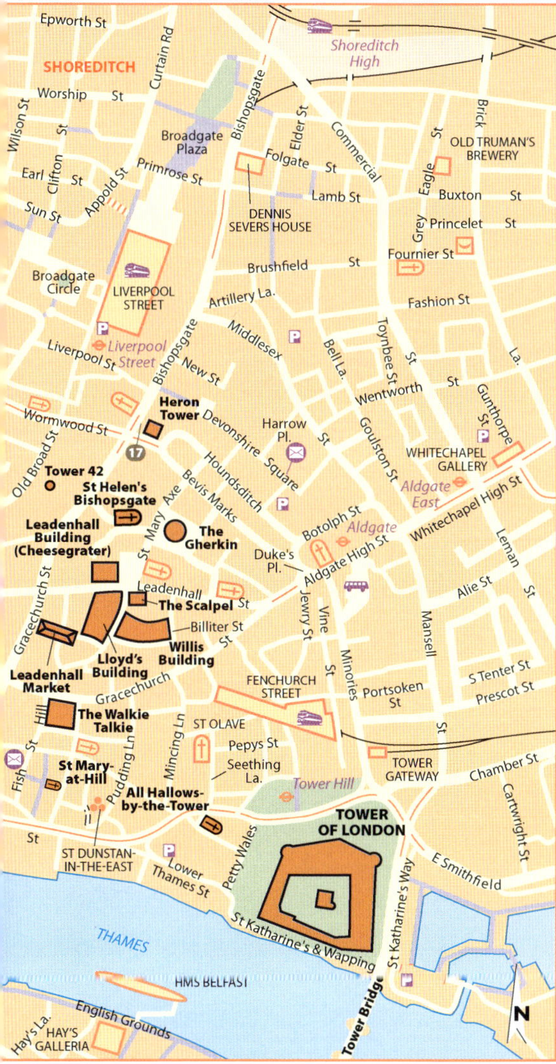

THE CITY

0 — 200 m
0 — 200 yards

SE RESTAURER
Café Below........................ 7
City Càphê....................... 6
Sweetings......................... 35

PRENDRE UN VERRE
The Blackfriar.................. 26

SHOPPING
Hardy's.............................. 50

SORTIR
Fabric................................ 7
Sushi Samba...................... 17

MUSEUM OF LONDON★★

G3 150 London Wall - ⊖ St Paul's ou Barbican - ✆ 020 7001 9844 - www.museumoflondon.org.uk - ♿ - 10h-18h (dernière entrée 17h40) - fermé 24-26 déc. - gratuit.

Un musée extraordinaire dans lequel la diversité d'objets, les reconstitutions, les films et les maquettes permettent de comprendre l'histoire de Londres à travers les progrès techniques, les changements politiques ou la mode. Tandis que la section **London before London** est consacrée aux premiers habitants, les cinq galeries du **Modern London** retracent l'évolution de la ville, du Grand Incendie de 1666 à l'impact des JO de 2012.

On peut notamment voir les plus belles **fresques romaines** découvertes en Grande-Bretagne, des sculptures provenant du temple de Mithra, des médailles de pèlerinage médiévales, une maquette du Rose Theatre et le **trésor de Cheapside** (joaillerie d'époque Jacques Ier). Sans oublier le diorama du Grand Incendie, les portes de la prison de Newgate, des intérieurs et des boutiques du 19e s., le carrosse du lord-maire, etc.

BARBICAN★

G3 ⊖ Barbican

Dévasté par les bombardements durant la guerre, ce quartier a été entièrement reconstruit à partir de 1958 comme une utopie architecturale enclose et austère, où les piétons circulent dans des espaces réservés au niveau supérieur (circulation automobile au niveau inférieur). Un univers de béton très particulier, où les amateurs d'architecture brutaliste déambuleront entre d'immenses complexes résidentiels, des pièces d'eau, des jardins et des terrasses avant de gagner le **Barbican Arts Centre**, lieu majeur de la vie culturelle de Londres (théâtre, salle de concerts, galerie d'art, bibliothèque, restaurants, etc., *www.barbican.org*).

ST BARTHOLOMEW-THE-GREAT★★

G3 West Smithfield - ⊖ Barbican - ✆ 020 7600 0440 - www.greatstbarts.com - ♿ - lun.-vend. 8h30-17h (16h de mi-nov. à mi-fév.), sam. 10h30-16h, dim. 8h30-20h - 5 £.

Cette église, sans doute la plus charmante de Londres, est le seul vestige d'un prieuré de chanoines augustins dissous en 1539. Bâtie en 1123, elle séduit par son éclectisme, mélange d'architectures romane et gothique. La sobriété du **chœur** (12e s.) est rehaussée par une belle loggia sculptée. Remarquez les **fonts baptismaux** (15e s.), parmi les rares à avoir survécu à la Réforme à Londres, et sur lesquels fut béni le peintre William Hogarth en 1697. L'église apparaît dans certaines scènes des films *Quatre mariages et un enterrement* et *Shakespeare in Love* et abrite également des œuvres d'art contemporain.

CHARTERHOUSE★

F/G3 Charterhouse Square - ⊖ Barbican - ✆ 020 7253 9503 - www.thecharterhouse.org - mar.-dim. 11h-16h45 - gratuit - visite guidée (1h)

sur réserv. mar.-dim. à 11h30, 12h et 14h - 10 £ - fermé 1er janv. et 24-26 déc.
Fondé en 1371, cet ancien couvent de chartreux fut transformé en manoir Tudor quand Henri VIII eut dissous la communauté et confisqué ses bâtiments (1537). En 1611, l'édifice fut racheté par **Thomas Sutton** (1532-1611), qui y établit un hospice pour indigents et une école pour garçons.
La chartreuse a subi d'importantes transformations architecturales au cours des siècles, mais on peut encore y admirer sa splendide **Grande Salle Tudor** *(Great Hall)*, avec charpente à diaphragmes, boiseries et galeries du 16e s.; sa **Grande Chambre** *(Great Chamber)* de style élisabéthain, ornée d'une cheminée monumentale peinte, de plafonds dorés et de fenêtres à résilles de plomb; ou encore la **chapelle** qui occupe depuis 1614 l'ancienne salle capitulaire.
Le musée propose une rétrospective détaillée de l'histoire avec documents d'époque et même un squelette d'une victime de la Grande Peste.

GUILDHALL★

G3 *Gresham St. - ⊖ St Paul's - ✆ 020 7332 1313 - www.cityoflondon.gov.uk - 10h-16h30 - consultez le site Internet pour les jours de fermeture.*
L'hôtel de ville de la City (à ne pas confondre avec celui de la ville de Londres) est le siège de la Corporation of London en charge d'administrer ce district. Il offre un cadre majestueux à de fastueuses cérémonies. Cet édifice du début du 15e s. a miraculeusement survécu au Grand Incendie de 1666, mais a subi de nombreuses restaurations suite au Blitz de 1940.
Le **Grand Hall** *(Great Hall)* impressionne par ses vastes proportions et son superbe plafond en chêne supporté par des arches de pierre, habilement restauré par Sir Giles Gilbert Scott. Il est souligné d'une frise colorée portant les armes d'Angleterre et de la City, au-dessus de laquelle flottent les bannières des douze principales corporations (Great Livery Companies) de la ville. Le hall conserve quelques éléments d'origine comme le porche extérieur ou le vitrail du mur sud (première fenêtre à droite de l'entrée). Parmi les monuments érigés en l'honneur de personnalités nationales, notez de part et d'autre de la galerie ouest (dite « des Musiciens ») les hautes effigies en bois de **Gog** (au nord) et **Magog** (au sud). Ces deux géants légendaires seraient intervenus en 1000 av. J.-C. dans le conflit opposant les Bretons aux envahisseurs troyens. Installée dans l'aile ouest érigée en 1974, la **bibliothèque** conserve plus de 14 000 ouvrages, documents et archives sur Londres.

Guildhall Art Gallery and London's Roman Amphitheatre★

✆ 020 7332 3700 - www.cityoflondon.gov.uk (rubrique « Things to do/Guidhall Art Gallery ») - 10h-17h, dim. 12h-16h (dernière entrée 30mn av. fermeture) - visite guidée (45mn) mar., vend. et sam. ttes les heures 12h15-15h15 - fermé 1er janv. et 25-26 déc. - gratuit sf expositions.
Dans l'aile située à l'est de la cour, restaurée dans les années 1990 par

Richard Gilbert Scott, cette galerie expose par roulement quelque 250 œuvres de l'importante collection d'art rassemblée par la Corporation of London depuis le 17e s. Celle-ci compte près de 4000 œuvres. Au sous-sol, une partie des vestiges d'un **amphithéâtre romain** est visible.

ST MARY-LE-BOW★★

G4 Cheapside - ⊖ Mansion House - ✆ 020 7248 5139 - www.stmarylebow.co.uk - lun.-merc. 7h30-18h, jeu. 7h30-18h30, vend. 7h30-16h.

La tour en saillie sur Cheapside renferme les célèbres **cloches de Bow** et supporte le majestueux **clocher★★** (1671-1680) où **Wren** fit appel aux cinq ordres classiques. Un dragon de cuivre monté par un funambule sert de **girouette**. Achevé en 1673, l'édifice en pierre de Portland construit par Wren, qui s'inspira de la basilique de Constantin à Rome, fut bombardé en 1941. L'extérieur fut restauré conformément à l'original tandis que la décoration intérieure fut remaniée. La **crypte** romane, édifiée en 1087 sur les ruines d'une église saxonne, abrite les colonnes originales à chapiteaux cubiques. Un restaurant y a élu domicile (*p. 120*).

ST MARGARET LOTHBURY★

G3 ⊖ Bank - ✆ 020 7726 4878 - www.stml.org.uk - ♿ - lun.-vend. 7h30-17h15.

Paroisse de la Banque d'Angleterre, St Margaret a été bâtie (1686-1690) sur les plans de **Wren**. Sa tour de section carrée est coiffée d'une **flèche★** que couronnent une boule dorée et une girouette.

À l'intérieur, très beau travail de **sculpture sur bois★** des panneaux, bancs, clôture en chêne, chaire et retable. L'élégante **clôture★** provient de l'église All Hallows *(Upper Thames St.)*. Les **fonts baptismaux★** en marbre sont attribués à **Grinling Gibbons**.

BANK OF ENGLAND

G4 ⊖ Bank (sortie Lombard St.).

Fondée en 1694, la Banque d'Angleterre marque le cœur de la City. L'actuel édifice fut construit entre 1924 et 1939 par Sir Herbert Baker pour remplacer un bâtiment plus ancien de Sir John Soane.

Bank of England Museum★

Bartholomew Lane - ✆ 020 7601 5545 - www.bankofengland.co.uk - lun.-vend. 10h-17h (dernière entrée 16h30) - fermé j. fériés - gratuit.

Il retrace l'histoire de la banque, de sa fondation à nos jours.

MANSION HOUSE★

G4 ⊖ Bank - ✆ 020 7626 2500 - www.cityoflondon.gov.uk (rubrique « About the City/Mansion House ») - visite guidée seult (calendrier et inscription sur le site Internet).

Résidence officielle du premier magistrat de la ville, le lord-maire de Londres. Bâtie entre 1739 et 1752, elle arbore une façade de style palladien rythmée par six colonnes corinthiennes surmontées d'un large fronton triangulaire.

B. Gardel/hemis.fr

Le Sky Garden, au sommet du Walkie Talkie, par l'architecte Rafael Viñoly.

ST STEPHEN WALBROOK★

G4 *39 Walbrook - ⊖ Bank ou Cannon St. - ✆ 020 7626 9000 - ststephenwalbrook.net - lun.-mar. et jeu. 10h-16h, merc. 11h-15h, vend. 10h-15h30.*

Cette œuvre audacieuse (1672-1677) de **Wren** présente un **dôme★** vert-de-gris. À l'ouest, la **tour** carrée de pierre brute est surmontée d'une élégante balustrade. Le **clocher★**, en pierre de Portland, fut ajouté en 1717.

À l'intérieur, la coupole, légèrement décentrée, repose sur un anneau de huit arches. Les travées sont marquées par des colonnes corinthiennes groupées de façon à produire des contrastes entre les sombres lambris de chêne et le mobilier sculpté en bois clair.

Notez que l'autel monumental de travertin situé sous la coupole est l'œuvre (1986) de **Henry Moore**.

ROYAL EXCHANGE★

G4 *Angle Threadneedle St. et Cornhill - ⊖ Bank.*

De style néoclassique, l'ancienne Bourse de Londres a cessé son activité en 1939. Le bâtiment abrite des restaurants et boutiques de luxe. Sur l'esplanade précédant le monumental portique corinthien de la façade est érigée une statue équestre de **Wellington**.

LLOYD'S BUILDING★★ ET ALENTOURS

H4 1 Lime St. - ⊖ Bank ou Monument.
Siège du célèbre groupe d'assurances. On lui trouve des ressemblances avec le Centre Georges-Pompidou de Paris, ce qui n'est guère étonnant puisqu'il est l'œuvre de **Richard Rogers**, l'un des deux architectes de Beaubourg. Le style avant-gardiste de cette tour en béton habillée d'acier inoxydable, qui expose en façade ses conduits et ses ascenseurs pour mieux libérer l'espace intérieur, fit couler beaucoup d'encre lors de son inauguration en 1986.
Juste devant le bâtiment du Lloyd's, le **Willis Building** *(51 Lime St.)* dresse son large profil concave à trois gradins, qui évoque une carapace de crustacé. Cette tour de verre haute de 125 m a été dessinée par **Norman Foster**.
Juste à côté *(52-54 Lime St.)* s'élance un nouveau gratte-ciel de 190 m de haut surnommé le **Scalpel**, du fait de sa forme anguleuse, imaginé par Kohn Pedersen Fox.
De l'autre côté du croisement s'élève l'imposante silhouette du **Leadenhall Building** *(122 Leadenhall St.)*, baptisé le **Cheesegrater** (« râpe à fromage ») en raison de sa forme en prisme effilé. Cette réalisation de **Richard Rogers**, Graham Stirk et Ivan Harbour, culminant à 225 m, a été achevée en juin 2014.

WALKIE TALKIE★

H4 20 Fenchurch St. ⊖ Bank - skygarden.london - gratuit, réserv. au moins 3 jours avant sur le site - lun.-vend. 10h-18h, w.-end 11h-21h.
À l'extrémité sud de Lime Street se détache la silhouette massive et évasée de ce bâtiment de 160 m signé Rafael Viñoly. Un jardin avec terrasse panoramique, le **Sky Garden★★**, flanqué d'un bar et d'un restaurant, est accessible au 35e étage.

LEADENHALL MARKET★

H4 Leadenhall St., Gracechurch St. et Lime St. - ⊖ Bank - ✆ 020 7332 1523 - leadenhallmarket.co.uk - boutiques : lun.-vend. 9h-18h.
Jadis spécialisée dans la vente au détail, cette très belle halle de verre et de fer forgé, à l'architecture victorienne, semble faire de la résistance sous les gratte-ciel voisins. Figurant dans le premier film de **Harry Potter**, elle est bordée de boutiques, de restaurants et de pubs qui font le plein chaque vendredi après-midi quand les yuppies de la City viennent y célébrer la fin de la semaine.

THE GHERKIN★★ ET ALENTOURS

H4 30 St Mary Axe - ⊖ Bank ou Algate.
Le « cornichon », comme l'appellent familièrement les Londoniens, est l'immeuble du réassureur Swiss Re et l'une des grandes réussites architecturales du *skyline* londonien. Il a été achevé en mai 2004 sur les plans de **Norman Foster**.
À 100 m au nord du Gherkin, la **Heron Tower** *(110 Bishopsgate)* pointe son antenne à 230 m. Dessinée par Kohn Pedersen Fox et achevée en 2011, elle utilise des panneaux solaires pour générer son énergie. Deux restaurants et un bar occupent le sommet *(« Nos adresses/Sortir » p. 144)*.

Plus classique, la **Tower 42** *(25 Old Broad St.)*, due à Richard Seifert et érigée en 1980, fait déjà l'effet d'une fleur un peu fanée. En face, le chantier du **22 Bishopsgate**, un temps suspendu, donnera naissance en 2019 au plus haut gratte-ciel de la City (62 étages, 278 m), avant que d'autres géants de verre et d'acier ne viennent le détrôner dans quelques années... *(p. 176)*

ST HELEN'S BISHOPSGATE★

***H3** Great St Helen's - Liverpool Street ou Aldgate - 020 7283 2231 - www.st-helens.org.uk - ♿ - lun.-vend. 9h30-12h30.*

La façade de pierre présente un double fronton à gables crénelés ; elle est surmontée d'une tourelle carrée à lanterne (17e s.) couronnée d'une girouette. À l'intérieur, les **monuments funéraires**★, riches tombeaux de notables, lui ont valu le surnom de « Westminster de la City ».

CANNON STREET

***G4** Mansion House ou Cannon St.*

Cette rue s'appelait au Moyen Âge « Candelwriteystrete » car elle abritait des fabricants de chandelles et de mèches. Cela explique la présence dans Dowgate Hill de la **maison des Fabricants de chandelles** *(Tallow Chandler's Hall)* et de la **maison des Peaussiers** *(Skinner's Hall)*, bâtie à la fin du 18e s. Au nº 111, la **pierre de Londres** *(London Stone)*, un bloc de calcaire inséré dans le mur de l'Overseas Chinese Banking Corporation, proviendrait (selon la légende) de l'autel érigé en 800 av. J.-C. par Trojan, fondateur mythique de la Bretagne insulaire.

THE MONUMENT★

***G4** Fish St. Hill - Monument - 020 7626 2717 - www.themonument.info - 9h30-18h (17h30 en hiver) - fermé 24-26 déc. - 4,50 £, 11 £ billet combiné avec Tower Bridge.*

En 1667, le roi confia à **Wren** le soin d'ériger une imposante **colonne dorique** qui commémore le Grand Incendie de Londres survenu un an plus tôt. Sa hauteur (62 m) représente la distance qui la sépare du lieu où le feu prit naissance, dans Pudding Lane. Baptisée simplement « le Monument » par les Londoniens, elle ménage une **vue**★ sur la City *(311 marches)*.

ST MARY-AT-HILL★★

***H4** The Rectory - Monument - 020 7626 4184 - www.stmary-at-hill.org - lun.-vend. 10h-16h.*

L'austère façade à horloge en potence et baie vénitienne de cette église, élevée entre 1670 et 1676 par **Wren**, cache une architecture intérieure intéressante. Son **plan**★ en croix grecque est coiffé d'une basse coupole que supportent quatre colonnes corinthiennes ; la décoration de style Adam est bleu pastel et or. Restaurée en 1843, mais endommagée par un incendie en 1988, l'église était réputée pour ses boiseries. Remarquez, sous un massif abat-voix, la chaire décorée de fruits et de fleurs à laquelle on accède par un escalier cintré (19e s.) de **William Gibbs Rogers**.

Tower of London★★★

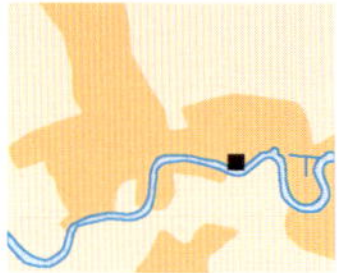

La silhouette « romantique » de la Tour de Londres, à jamais associée à l'histoire du pays, fut le théâtre de scènes d'horreur autant que de pompe royale. Une visite de la Tour s'impose pour admirer le scintillement des joyaux de la Couronne et profiter des sombres récits des « Yeomen » en habit Tudor.

▶**Accès :** ⊖ Tower Hill, Tower Gateway (DLR).
Plan de quartier ***p. 50-51.*** ***Plan détachable H4-5.***
▶**Conseil :** Pour visiter la Tour de Londres, achetez votre billet à l'avance afin d'éviter la file d'attente aux caisses.

TOWER OF LONDON★★★

H4 Entrée par West Gate - ⊖ Tower Hill - billetterie sur l'esplanade - ✆ 020 3166 6000 - www.hrp.org.uk - ♿ - mars-oct. : 9h-17h30 (dim. et lun. 10h-17h30) ; nov.-fév. : 9h-16h30 (dim. et lun. 10h-16h30), dernière entrée 30mn av. fermeture - visite guidée en compagnie des Yeomen Warders, gardes de la Tour de Londres (1h), dép. ttes les 30mn de Middle Tower, dernier dép. 15h30 (14h30 en hiver) - fermé 1er janv. et 24-26 déc. - 26,80 £ (ou 22,70 £ en ligne) - audioguide (+ 4 £).

C'est pour renforcer les défenses de sa nouvelle capitale que **Guillaume le Conquérant** fit construire ici une première forteresse de bois en 1067, à laquelle succéda onze ans plus tard un bâtiment de pierre. Sa position avantageuse à proximité du fleuve permettait de voir les ennemis traverser la Tamise. Les successeurs du roi normand surent apprécier cet atout et firent agrandir la forteresse, qui occupa bientôt 7 ha. De 1300 à 1810, la Tour abrita l'hôtel de la Monnaie ; grâce à ses ouvrages défensifs, elle servit de prison et accueille depuis 1971 les **joyaux de la Couronne★★★** (**Jewel House**) : vous verrez la fabuleuse collection de bijoux et d'insignes royaux associés au couronnement, pour l'essentiel postérieurs à 1660, la plus grande partie du trésor antérieur ayant été vendue ou fondue par Cromwell. Dans la **chapelle St Pierre-ad-Vincula** *(accessible lors des visites guidées)* reposent quelques-uns des suppliciés de la Tour, parmi lesquels Ann Boleyn et Catherine Howard. Remarquez le buffet d'orgue sculpté par **Grinling Gibbons**.

La **porte des Traîtres** était l'entrée principale de la Tour lorsque la Tamise était encore la grande voie de circulation de Londres. Elle prit ce nom, plus tard, lorsque le fleuve ne servit plus que de moyen d'accès secret.

C'est dans la **Tour sanglante** *(Bloody Tower)* que furent probablement assassinés en 1483 les fils d'Édouard IV.
Le donjon, connu sous le nom de **Tour blanche**★★★ *(White Tower)*, est la partie la plus caractéristique de la Tour ; c'est l'une des premières forteresses de cette dimension réalisées en Europe occidentale. Il fut commandé par Guillaume Ier en 1078 et terminé vingt ans plus tard. Les murs de pierre hauts de 31 m forment un quadrilatère avec, aux angles, une tour circulaire et trois tours carrées. Le donjon abrite la **collection royale d'armures**, l'une des plus grandes au monde. Au second étage, **St John-the-Evangelist**★★ est restée pratiquement telle qu'elle était en 1080 ; c'est une chapelle de pierre s'élevant sur deux niveaux. De robustes colonnes à frustes chapiteaux gravés supportent les arcs en plein cintre qui entourent le chœur et trouvent leur écho au second niveau, sous la voûte en berceau.
La **tour Beauchamp**★, construite au 13e s., servit longtemps de prison : remarquez les graffitis gravés dans la pièce principale.

TOWER BRIDGE★★

H5 *⊖ Tower Hill ou London Bridge River Boat vers Tower Pier - ✆ 020 7403 3761 - www.towerbridge.org.uk - ♿ - avr.-sept. : 10h-18h ; oct.-mars : 9h30-17h30, dernière entrée 30mn av. fermeture - fermé 24-26 déc. - 9,80 £ (en ligne 8,70 £) ; 12 £ billet combiné avec The Monument.*
La silhouette néogothique et le pont-levis de Tower Bridge sont connus dans le monde entier. Construit entre 1886 et 1894 par John Wolfe Barry et Horace Jones, sa longueur totale atteint 805 m. Reliées aux rives de la Tamise par deux ponts suspendus, les massives tours gothiques qui constituent l'armature de l'ouvrage sont unies entre elles par un pont routier formant pont-levis et, à l'étage supérieur, par une passerelle pour piétons désormais équipée d'un plancher en verre offrant des **vues panoramiques**★★★ à couper le souffle. À 42 m au-dessus de la Tamise, elle forme un observatoire privilégié pour l'ouverture du pont. Le pont routier comporte deux tabliers basculant pour livrer passage aux navires. La manœuvre ne dure qu'une minute et demie, et s'effectue plusieurs fois par jour. Le mécanisme de levage hydraulique n'est jamais tombé en panne ; en 1977, il a été remplacé par un système hydroélectrique.
Depuis 1992, les tours et la salle de levage abritent un **musée didactique**. À partir de la tour nord, le visiteur est guidé à travers une exposition relatant la conception et la construction du pont.

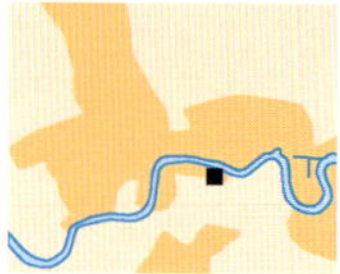

Southwark★★

Sur la rive sud de la Tamise, le grand borough de Southwark est aujourd'hui en plein renouveau. Dans le quartier de Bankside, à la réputation autrefois sulfureuse, la foisonnante Tate Modern, le Millennium Bridge de Norman Foster et le théâtre du Globe illustrent parfaitement le mariage réussi de l'Histoire et de la modernité.

▶**Accès :** ⊖ London Bridge, Southwark.

Plan de quartier ***p. 66-67******. Plan détachable F/G/H4-5-6.***

▶**Conseils :** L'entrée de la Tate Modern étant gratuite, vous pouvez échelonner votre visite et ne pas tout voir le même jour. Réservez en ligne et à l'avance l'accès à la vue depuis The Shard, pour garantir votre entrée et un meilleur tarif. Pour le déjeuner, profitez des étals et restaurants du Borough Market ou du Maltby Street Market le week-end.

BUTLER'S WHARF

H5 ⊖ *London Bridge.* Appartements de standing, cafés et restaurants posés sur la berge ont envahi cet ensemble d'entrepôts de brique rénovés dans les années 1980.

CHINA WHARF

H5 ⊖ *London Bridge.* Érigé en 1988, au-dessus des eaux de la Tamise, cet impressionnant édifice, festonné dans les tons rouge orangé, a valu à ses architectes, le **groupe CZWG**, plusieurs récompenses. Parmi les autres reconversions notables d'entrepôts : le **David Mellor Building** *(22-24 Shad Thames)*, le moderne **Saffron Wharf** *(18 Shad Thames)* et le **Camera Press**, en bois brut *(21-23 Queen Elizabeth St.)*.

MALTBY STREET MARKET

H6 *Maltby Street, Ropewalk - ⊖ Bermondsey - ✆ 079 7370 5674 - www.maltby.st - sam. 9h-17h, dim. 11h-16h30.*

The Queen's Walk★★★

Sur la rive gauche de la Tamise, The Queen's Walk est une longue promenade qui, de Westminster Bridge, rejoint Southwark, Tower Bridge et, au-delà, Bermondsey. South Bank (↻ p. 65) est la première partie de cette promenade. Du côté de Bankside, le Shakespeare's Globe (↻ p. 63) et la Tate Modern (↻ p. 64) sont deux institutions emblématiques qui font le lien entre l'Histoire et la modernité. À l'est de la station London Bridge, le quartier de London Bridge City, très animé, et la belle galerie commerçante Hay's Galleria (↻ p. 61) contribuent à la vitalité du borough de Southwark.

Installé chaque week-end aux abords des arches du chemin de fer, le petit marché gastronomique de Maltby Street s'enorgueillit d'une sélection alléchante de *street food*. Si les bouchées piochées sur les différents étals ne vous contentent pas, quelques restaurants en dur se cachent sous les arches.
« Nos adresses »/« Se restaurer » p. 121.

BERMONDSEY MARKET

H6 *Angle Bermondsey St. et Long Lane - London Bridge - vend. 6h-14h.*
Le petit **marché d'antiquités** de Bermondsey fait le bonheur des flaneurs et des collectionneurs matinaux. Les amateurs d'argenterie y trouveront notamment un beau choix de bijoux, couverts, vaisselle, etc. Le poinçon représentant un lion indique l'origine anglaise de l'objet.

CITY HALL

(Hôtel de Ville)
H5 *The Queen's Walk - Tower Hill - 020 7983 4000 - www.london.gov.uk - accès autorisé (portique de sécurité) au café du rdc et, par la rampe, aux deux premiers étages - lun.-jeu. 8h30-18h, vend. 8h30-17h30 - gratuit.*
La silhouette étincelante de cet édifice aux courbes de verre (2002) a été dessinée par **Norman Foster**. À ses pieds, une « arène » accueille aux beaux jours performances théâtrales et chorégraphiques.

Pat_Hastings/iStock
La New Tate Modern.

HMS BELFAST

H5 *The Queen's Walk - London Bridge - 020 7940 6300 - www.iwm.org.uk - - 10h-17h (dernière entrée 1h av. fermeture) - fermé 24-26 déc. - 15,30 £ audioguide inclus.*
Ancré en amont de Tower Bridge depuis 1971, ce croiseur de 11 500 t se distingua durant la Seconde Guerre mondiale, en particulier lors du débarquement en 1944.

HAY'S GALLERIA

H5 *Tooley St. - London Bridge.*
Orné de sculptures contemporaines, cet ancien entrepot à la courbure élégante abrite magasins et cafés. L'emprunter permet de déboucher face à la gare de London Bridge.

THE SHARD★★

G5 *Joiner St. - ⊖ London Bridge - ✆ 084 4499 7111 - www.the-shard.com - ♿ - de déb. avr. à fin oct. : 10h-22h (dernière entrée 30mn av. fermeture) ; de fin oct. à fin mars : dim.-merc. 10h-19h, jeu.-sam. 10h-22h (dernière entrée 1h av. fermeture) - fermé 25 déc. - accès à la terrasse : 24,95 £ en réserv. à l'avance (30,95 £ le jour même) - réserv. sur www.theviewfromtheshard.com.*

Inauguré en juillet 2012, le Shard est l'un des derniers gratte-ciel à se dresser dans le *skyline* londonien. Conçu tout en verre par l'architecte Renzo Piano, il culmine à 310 m : c'est le plus haut bâtiment de Londres et d'Europe occidentale. Les visiteurs peuvent accéder à une **terrasse panoramique**★★★ au 72e étage, à 244 m *(The View)*. L'immeuble comprend aussi des bureaux, un hôtel, des bars, des restaurants et des appartements privés.

COURS ET AUBERGES DE SOUTHWARK

G5 *⊖ London Bridge.*

Une succession de ruelles et de cours *(yards)* abritait des auberges *(inns)* où logeaient les voyageurs arrivés à Londres après la fermeture des portes de la City. En empruntant Borough High Street (dos tourné à Tower Bridge), vous découvrirez successivement **King's Head Yard, White Hart Yard**, **George Inn**★, pittoresque auberge évoquée par Dickens dans « Little Dorrit », **Talbot Yard** ou encore **Queen's Head Yard**.

BOROUGH MARKET

G5 *8 Southwark St. - ⊖ London Bridge - grand marché : merc.-jeu. 10h-17h, vend. 10h-18h, sam. 8h-17h - marché limité : lun.-mar. 10h-17h.*

Blotti sous le triangle formé par trois ponts de chemin de fer, très animé, bordé de pubs et de petits restaurants, ce marché incontournable s'est fait une spécialité des produits haut de gamme.

« Nos adresses »/« Se restaurer » p. 120/« Shopping » p. 138.

SOUTHWARK CATHEDRAL★★

G5 *London Bridge - ⊖ London Bridge - ✆ 020 7367 6700 - cathedral.southwark.anglican.org - ♿ - lun.-vend. 8h-18h, w.-end 8h30-18h - donation suggérée - visite guidée (4,50 £) : merc. 14h, vend. 11h et dim. 13h.*

Les piliers massifs supportent la tour centrale et le **chœur** de style gothique Early English, aux harmonieuses proportions datant du 13e s., ce qui en fait le plus ancien sanctuaire gothique d'Angleterre. Celui-ci conserve un somptueux retable de 1520. La nef fut reconstruite entre 1890 et 1897 afin de s'harmoniser avec le chœur. Remarquez surtout la **chapelle Harvard** *(bas-côté nord du chœur)*, le monument funéraire (1616) d'Alderman Humble et de ses épouses *(nord du retable)*, et les douze **clefs de voûte** provenant de la charpente en bois du 15e s. qui s'affaissa en 1830 *(extrémité ouest du bas-côté nord)*. L'édifice abrite en outre une salle archéologique, un centre d'éducation, une cafétéria et une boutique.

Et au milieu coule la Tamise

Principal fleuve de Grande-Bretagne, la Tamise (346 km) déroule ses méandres au cœur de Londres selon un axe est-ouest, divisant la capitale en deux : la rive nord et la rive sud. Principale voie de communication jusqu'à la fin du 17e s., elle a transformé Londres en un grand port et fait encore partie intégrante de la vie londonienne, notamment au moment des traditionnelles régates d'été (comme la Henley Royal Regatta) ou lors des fêtes nationales. À l'instar du ***London Bridge****, considéré comme le plus ancien de la capitale dans la mesure où un pont en bois existait déjà sur ce site à l'époque romaine, et du* ***Millennium Bridge****, construit en l'an 2000 par l'architecte Norman Foster, de nombreux ponts et passerelles enjambent le fleuve, reliant les deux rives. À partir de 2019, 17 ponts de la ville seront illuminés la nuit.*

Il faut également mentionner la ***Thames Barrier****, véritable tour de force technologique réalisée de 1972 à 1982 afin de préserver Londres de toute menace d'inondation. Situé à Woolwich, à l'est d'Isle of Dogs, ce barrage se compose de portes d'acier qui, en cas de danger, pivotent à 90° pour former une barrière étanche en travers du fleuve. Pour contenir le flot qu'arrêterait le barrage, il a fallu surélever les berges du fleuve sur 20 km en aval.*

GOLDEN HINDE

G5 *Pickfords Wharf, Clink St. - ⊖ London Bridge - ✆ 020 7403 0123 - www.goldenhinde.com - 10h-17h - 5 £.*

Amarré au St Mary Overie Dock, le *Golden Hinde* est la réplique grandeur nature du galion du navigateur Francis Drake. L'intérieur se découvre lors d'une visite guidée et costumée.

ROSE THEATRE

G4-5 *21 New Globe Walk - ⊖ Cannon Street ou London Bridge - ✆ 020 7261 9565 - www.rosetheatre.org.uk - sam. 12h-16h.*

Une partie des fondations du premier théâtre de Bankside (1587), découvertes en 1989, a été mise au jour. Le site se visite uniquement le samedi, mais des spectacles y sont régulièrement organisés *(programmation sur le site Internet).*

SHAKESPEARE'S GLOBE★★

G4 *21 New Globe Walk - ⊖ London Bridge ou Cannon Street - ✆ 020 7902 1500 - www.shakespearesglobe.com - ♿ - dép. ttes les 30mn, de mi-avr. à mi-oct. : lun. 9h30-17h, mar.-sam. 9h30-12h30, dim. 9h30-11h30 ; reste de l'année : tlj 9h30-17h - exposition : 9h-17h - saison théâtrale : de mi-avr. à mi-oct. - fermé 24-25 déc. - visite + exposition 17 £ (tarif réduit en ligne)*

Dans ce lieu voué au culte de Shakespeare, une réplique du Globe Theatre, détruit en 1644, a été édifiée avec des matériaux et des techniques comparables à celles de l'époque. Lieu idéal que ce théâtre circulaire, à l'orchestre à ciel ouvert entouré de gradins, pour assister à la représentation d'un des drames de Shakespeare, d'autant que, par souci d'authenticité, les pièces y sont jouées comme au temps de leur auteur, dans l'après-midi et sans éclairage artificiel.

MILLENNIUM BRIDGE★

G4 *⊖ Blackfriars.* Conçue par **Norman Foster**, l'élégante passerelle du Millénaire, suspendue et ornée de balustrades recourbées, est une véritable prouesse d'architecture et de technique. La nuit, elle donne l'impression d'une coulée de lumière enjambant la Tamise.

TATE MODERN★★★

F/G4 *Bankside - ⊖ Blackfriars - Entrée nord par le Queen's Walk (niveau 1), entrée ouest sur Holland St. (Turbine Hall, niveau 0) et entrée sud sur Sumner St. (niveau 1) - ✆ 020 7887 8888 - www.tate.org.uk - ♿ - 10h-18h (vend.-sam. 22h), dernière entrée 45mn av. fermeture - fermé 24-26 déc. - gratuit sf expositions temporaires - visites guidées gratuites (45mn) : tlj à 11h, 12h, 14h, 15h, voir le programme sur le site Internet.*
L'ancienne « cathédrale de l'âge de l'électricité » dressée depuis 1960 sur les rives du fleuve, coiffée d'une superstructure de verre et dotée de grandes fenêtres en saillie, est devenue l'un des temples mondiaux de l'art contemporain. Le hall d'accueil, ancienne **salle des turbines** (155 m de long sur 35 m de haut), où le pont roulant rappelle le passé industriel du bâtiment, est impressionnant.

Les collections permanentes, très riches, sont présentées selon une approche thématique, qui doit tout à la subjectivité des décideurs du lieu : des œuvres d'époques différentes sont ainsi mises en parallèle, des associations historiques et stylistiques sont soulignées de façon à remettre en question nos idées reçues sur l'art contemporain. Les plus grands noms de l'art moderne, de même que tous les mouvements ayant compté, sont ici représentés : Picasso, Dalí, Duchamp et ses épigones, Picabia et Ernst, Twombly et Bacon, Stella et Manzoni, Fontana, Klimt, Cézanne, Rothko, Pollock et bien d'autres dialoguent en toute liberté dans cet immense espace. Au sous-sol, **The Tanks**, d'anciens réservoirs à mazout, ont été reconvertis en espace dédié aux arts vivants (danse, performances, installations). Côté sud du bâtiment, une nouvelle extension de 10 étages, de forme pyramidale, conçue par les architectes Herzog & de Meuron et baptisée **New Tate Modern**, a ouvert ses portes en juin 2016. Elle augmente ainsi de 60 % la surface d'exposition, permettant d'accueillir les œuvres de 250 artistes venus de 50 pays différents, parmi lesquels Mark Rothko, Ai Weiwei, Louise Bourgeois et Henri Matisse. Vous y trouverez également de nouveaux espaces éducatifs et de rencontres, un magasin, un bar, un restaurant et une terrasse offrant une superbe **vue panoramique**★★★ sur Londres.

South Bank★★

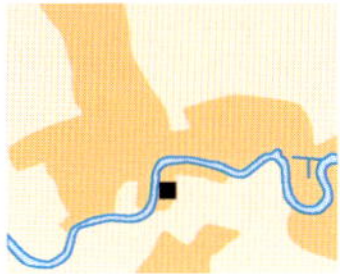

Ce quartier, qui s'étire entre les ponts de Waterloo et de Blackfriars, s'est forgé une nouvelle identité avec les aménagements liés aux festivités du troisième millénaire. Il s'affirme aujourd'hui comme un haut lieu culturel et touristique.

▶**Accès :** ⊖ Southwark, Waterloo, Westminster, Lambeth North.
Plan de quartier** **p. 66-67. Plan détachable** **E/F4-5-6.

OXO TOWER

***F4** Barge House St. - ⊖ Southwark ou Blackfriars - www.oxotower.co.uk.*
Dominé par une superbe tour Art déco, ce bâtiment fut conçu dans les années 1900 comme centrale électrique avant d'être racheté et remanié par la compagnie Liebig pour la fabrication de ses fameux bouillons cube Oxo. L'édifice abrite aujourd'hui des galeries d'art, des ateliers d'artistes, des boutiques de mode et de design, des logements et un restaurant panoramique.
« Nos adresses »/« Se restaurer » p. 122/« Shopping » p. 138.

GABRIEL'S WHARF

***F4** 56 Upper Ground - ⊖ Waterloo.*
Il rassemble des boutiques d'artisanat et des cafés autour d'une agréable place.

NATIONAL THEATRE★

***F4-5** ⊖ Waterloo - ✆ 020 7452 3000 - www.nationaltheatre.org.uk - ♿ - visite des coulisses (Backstage Tour, 1h15) : voir le calendrier sur le site Internet - 10 £.*
Le **Théâtre national** s'inscrit dans la troisième phase du développement de South Bank en aval de Waterloo Bridge. Son architecte, **Sir Denys Lasdun**, a uni trois théâtres (l'Olivier, le Lyttelton et le Cottesloe), avec quelque 300 acteurs et 500 costumes pour une vingtaine de spectacles par an.

BRITISH FILM INSTITUTE

***F5** ⊖ Waterloo - ✆ 020 7928 3535/3232 - www.bfi.org.uk.*
Parmi les cinémathèques les plus importantes au monde, elle compte deux salles et organise le Festival du film de Londres.

WATERLOO BRIDGE

***E4** ⊖ Waterloo ou Temple.*
L'architecte **Giles Gilbert Scott** conçut en 1945 ce pont à cinq arches en pierre blanche de Portland recouvrant du béton ; il remplace un ouvrage inauguré en 1817 pour le 2e anniversaire de la bataille de Waterloo. Sur les berges abritées par le pont se tient un **marché aux livres** d'occasion *(10h30-18h30).*

SOUTHBANK CENTRE★

E5 *Belvedere Rd - ⊖ Waterloo - ✆ 020 3879 9555 - www.southbankcentre.co.uk* - ♿. Pour certains, cet ensemble de bâtiments en pierre et béton grisâtre qui se dresse, massif et austère, sur les berges de la Tamise, constitue une verrue dans le paysage. Symbole de l'architecture brutaliste des années

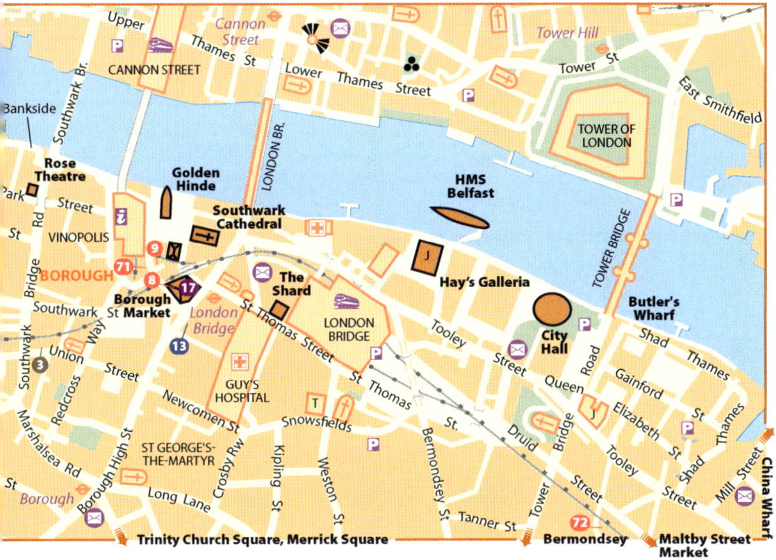

SE RESTAURER

- Arabica ... 9
- Borough Market ... 8
- Elliot's ... 71
- Maltby Street Market ... 72
- Oxo Tower Restaurant & Brasserie ... 42
- Southbank Centre Food Market ... 10

PRENDRE UN VERRE

- The George Inn ... 13

SHOPPING

- Borough Market ... 17
- Oxo Tower Wharf ... 45

SORTIR

- Flat Iron Square ... 3
- Ministry of Sound ... 6

SOUTHWARK SOUTH BANK

0 — 500 m
500 yards

1970, le complexe culturel le plus réputé de Londres possède en tout cas une programmation de qualité et une acoustique parfaite. Il comprend trois lieux prestigieux dédiés à la musique classique ou contemporaine et à la danse : les **Queen Elizabeth Hall** et **Purcell Room** (1967, *10h-23h*), et surtout le **Royal Festival Hall**★ (1951 ; *10h-23h*), véritable réussite architecturale dans le domaine. Ce dernier réunit une salle de concert de 3000 places à la merveilleuse acoustique, une salle consacrée à la musique de chambre, une salle de bal et un restaurant. Le South Bank Centre programme aussi des expositions d'art contemporain à la **Hayward Gallery** *(tlj sf mar. 11h-19h, jeu. 11h-21h - tarifs variables selon les expositions)*.

JUBILEE GARDENS

E5 *⊖ Waterloo ou Westminster.*
Les jardins du Jubilé commémorent les 25 années de règne de la reine Élisabeth II, célébrées en 1977. Cet espace vert et les berges qui lui font face sont un lieu très fréquenté.

COCA-COLA LONDON EYE★★★

E5 *⊖ Waterloo - ✆ 0870 990 8883 - www.londoneye.com - ♿ - juin-août : 10h-20h30 ; reste de l'année : 11h-18h ; vérifier les horaires sur le site Internet - 27 £, tarif réduit et billet coupe-file sur le site Internet - possibilité de billet combiné avec le SEA LIFE London Aquarium, London Dungeon, Shrek's Adventure et Madame Tussauds.*
Véritable triomphe de la technologie, cette **grande roue**, haute de 135 m pour une masse de 2100 t, constitue depuis l'an 2000 un nouveau point de repère spectaculaire au bord de la Tamise. Pendant 30mn, les visiteurs installés dans 32 nacelles fermées découvrent une **vue exceptionnelle** à 20 km à la ronde.

COUNTY HALL

E5 *Belvedere Rd - ⊖ Waterloo ou Westminster.*
Ce bâtiment de style classique (1912-1922) fut le siège du Conseil du Grand Londres *(Greater London Council)* jusqu'à son abolition en 1986. Il abrite différentes attractions *(possibilité de billet combiné, voir Coca-Cola London Eye)*.

London Dungeon

✆ 020 7654 0809 - www.thedungeons.com - ♿ - 10h-17h (jeu. 11h, sam. 18h), fermeture à 19h les j. fériés (horaires étendus en juil. et août) - fermé 25 déc. - tarifs variables, à partir de 21 £ en ligne - déconseillé aux personnes sensibles et aux jeunes enfants.
La visite *(90mn)* des cachots de Londres est réservée aux amateurs de sensations fortes. Une sinistre rétrospective des châtiments infligés aux criminels, des grandes épidémies, etc.

SEA LIFE London Aquarium★

✆ 0871 663 1678 - www.visitsealife.com/london - ♿ - lun.-vend. 10h-18h, w.-end 9h30-19h (dernière entrée 1h av. fermeture) - tarifs variables, à partir de 20,40 £ en ligne.
Cette « cathédrale sous-marine » s'enfonce de deux niveaux sous la Tamise. Vous y découvrirez plus de 500 espèces réparties dans 14 zones thématiques.

Shrek's Adventure

✆ 0871 221 2837 - www.shreksadventure.com - ♿ - lun.-vend. 10h-16h (jeu. 11h), sam. 10h-18h, dim. 10h-17h - fermeture à 18h les j. fériés - fermé 25 déc. - 27,50 £ (19 £ en ligne).

L. Maisant/hemis.fr

Le London Eye et le County Hall.

Shrek et ses compagnons sont au rendez-vous de la dernière née des attractions du Queen's Walk. Les spectateurs passent par plusieurs salles avant de rencontrer le géant vert. L'intérêt est limité pour quiconque a plus de 10 ans et ne parle pas anglais.

IMPERIAL WAR MUSEUM★★★

F6 *Lambeth Rd - ⊖ Lambeth North - ✆ 020 7416 5000 - www.iwm.org.uk - ♿ - 10h-18h (dernière entrée 17h30) - fermé 24-26 déc. - gratuit sf certaines expositions.*

Ce musée exceptionnel par son fonds et sa présentation traite des conflits armés auxquels la Grande-Bretagne et le Commonwealth ont participé depuis 1914. La **Première Guerre mondiale** est particulièrement documentée, avec ses maquettes, ses dioramas et la reconstitution d'une **tranchée** *(niv. 0)*. Une section évoque la vie quotidienne d'une famille londonienne pendant le **Blitz** *(niv. 1)*. Plus loin, vous apprendrez tout sur les différents services de renseignements britanniques *(niv. 2)*. Déconseillée aux moins de 14 ans, l'exposition sur l'**Holocauste** *(niv. 3 et 4)* est l'un des temps forts de la visite par sa richesse et l'émotion qu'elle suscite. Pour terminer, hommage est rendu à 250 héros militaires et civils *(niv. 5)*.

Belgravia★★ et Knightsbridge★★

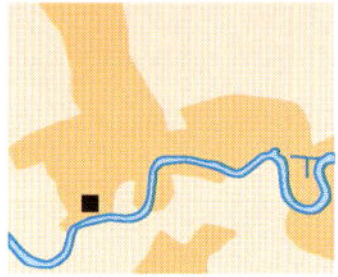

Luxe, calme et volupté… Flâner dans ces quartiers, les plus select de la capitale, est un pur bonheur pour les yeux. Si vous êtes accro au lèche-vitrines, il est fort à parier que vos pas vous conduiront dans les grands magasins et les boutiques chic – et chères – que fréquente un public fortuné et exigeant.

▶**Accès :** ⊖ Knightsbridge, Sloane Square.
Plan de quartier p. 72-73. Plan détachable B/C5-6.

BELGRAVE SQUARE★★

C6 ⊖ *Knightsbridge.*
La place a conservé son aspect original avec son jardin central, ses rangées de maisons et, aux angles, ses hôtels particuliers. Bien que l'ensemble donne l'apparence d'une grande unité, les colonnades et portiques sur chacun des côtés présentent un dessin différent, de même que les pavillons d'angle. De 1841 à 1870, le grand homme d'État Lord John Russell vécut dans Seaford House, au **n° 37** à l'est. L'oncle de la reine, le duc de Kent (mort en 1942), possédait quant à lui une demeure au **n° 3**.

P. Robinson/age fotostock

Sloane Street.

HARVEY NICHOLS

C5 *109-125 Knightsbridge -* ⊖ *Knightsbridge.*
Fondé en 1813 et installé dans les actuels locaux de Knightsbridge en 1880, ce temple du luxe a, depuis, essaimé dans le monde entier.
« Nos adresses/Shopping » p. 138.

HARRODS★★

B5 *87-135 Brompton Rd -* ⊖ *Knightsbridge.*
Le grand magasin le plus

I. Dimitrov/age fotostock

La façade du célèbre magasin Harrods.

élégant de Londres, que fréquentait Oscar Wilde, remonte à 1849, mais son immeuble actuel ne date que du début du 20e s. : à l'intérieur, les salles consacrées à l'alimentation resplendissent de mosaïques et de vitraux colorés – curieux et rare exemple, avec Michelin House (*p. 76*), de décoration Art nouveau à Londres.

« Nos adresses/Shopping » p. 139.

BEAUCHAMP PLACE

B6 Cette rue héberge d'élégantes boutiques. Aux nos 56-57, ressemblant au salon d'un hôtel particulier, se tient celle de Caroline Charles, la couturière des princesses.

SLOANE STREET

C5-6 La rue, ouverte en 1773 pour relier Knightsbridge à Chelsea et à la Tamise, a été reconstruite peu à peu. L'**ambassade du Danemark** (1976-1977) fut dessinée par Ove Arup. La partie ouest de Sloane Street (fin 18e s.) est connue sous le nom de **Hans Town**.

CADOGAN SQUARE

B/C6 Le quartier ombragé de Cadogan Square et de Cadogan Gardens, construit à la fin du 19e s., doit son surnom, « Pont Street hollandais », à ses hautes maisons à pignons, bâties en brique rouge avec des encadrements en pierre blanche.

KENSINGTON PALACE
Kensington Gardens
Albert Memorial
N
Holland Walk
Upper Phillimore Gdns
Campden Hill Road
Holland St
ST MARY ABBOTS
Kensington Ch. St
P. Green
Kensington Road
Flower Walk
Broad Walk
Kensington Gore
Holland Park
18 Stafford Terrace
High St Kensington
KENSINGTON
39
KENSINGTON SQ.
ROYAL COLLEGE OF ART
Kensington High St
Wrights La.
Victoria Road
Palace Gate
Queen's Gate
Prince Consort Road
IMPERIAL COLLEGE OF SCIENCE AND TECHNOLOGY
Leighton House Museum
Design Museum
Earl's Court Road
Abingdon Rd
Allen St
Marloes Road
Elvaston Place
Gloucester Road
Cornwall Gardens
EDWARDES SQUARE
Scarsdale Villas
PEMBROKE SQUARE
Lexham Gardens
Cromwell Road
Gloucester Road
STANHOPE GARDENS
Warwick Road
Pembroke Road
Courtfield Rd
Harrington Gdns
Harrington Road
Longridge Rd
Earl's Court
Knaresborough Pl.
Wetherby Gdns
Nevern Sq.
Trebovir Rd
Penywern Rd
Bolton Gardens
Old Brompton Road
Philbeach Gardens
EARL'S COURT SQ.
THE BOLTONS
Drayton Gardens
Cranley
EARL'S COURT EXHIBITION BLDG
EARL'S COURT
Old Brompton Rd
Finborough Road
Redcliffe Gardens
Tregunter Road
Gilston Road
Lille Road
West Brompton
BROMPTON CEMETERY
Fulham Road
Limerston Street
Park Walk
SE RESTAURER
Amaya 16
Bibendum Restaurant 19
Bluebird 20
Kensington Square Kitchen 39
Ottolenghi 69
The V & A Café 11
Zuma 54
PRENDRE UN VERRE
Harrods-The Tea Room 5
The Egerton House Hotel 29
The Grenadier 14
The Pig's Ear 15
SHOPPING
Harrods 2
Harvey Nichols 1
The Conran Shop 3
SORTIR
Troubadour 4

SERPENTINE GALLERY
Walk
Hyde Park
Hyde Park Corner
Carriage
Road
Knightsbridge
LANESBOROUGH HOTEL
Royal Albert Hall
Gore
Road
ROYAL GEOGRAPHICAL SOCIETY
Ennismore
Gardens
Rutland
Gate
Montpelier Square
Knightsbridge
Harvey Nichols
Knightsbridge
Trevor Square
Knightsbridge
Road
Wilton Pl.
Kinnerton St
Grosvnor Cres.
WILTON CRESCENT
All Saints
Harrods
Hans
Street
LOWNDES SQUARE
Lowndes
Consort
Rd
Exhibition
ROYAL COLLEGE OF MUSIC
KNIGHTSBRIDGE
Montpelier St
Brompton
Crescent
Belgrave Square
Hans
Basil
Rd
DANISH EMBASSY
Street
Belgrave Pl.
HYDE PARK CHAPEL
Brompton Square
Beauchamp Pl.
Hans Place
SCIENCE MUSEUM
BROMPTON ORATORY
Beaufort Gdns
St
Pont
Street
Pont
Street
Chesham Pl.
Pl.
Road
Natural History Museum
VICTORIA AND ALBERT MUSEUM
Walton
ST COLUMBA
Sloane
Cadogan Place
Chesham St
Lyall
Eaton
St
Eaton Square
Brompton
Rd
Lennox Gardens
Cadogan Square
Cromwell
Road
THURLOE SQUARE
Street
Eaton Pl.
King's Rd
INSTITUT FRANÇAIS
Minner Street
Street
Walton
Queensberry Pl.
South Kensington
Pelham St
Holy Trinity
Michelin House
Royal Court Theatre
Sloane Square
Brompton
Rd
Onslow
Sq.
PELHAM CRESCENT
Draycott
Cadogan St
Sloane Square
Sloane
Draycott Pl.
PETER JONES
Bourne
Street
Onslow
Sq.
Road
Christie's
Ixworth Pl.
Elystan
St
Whiteheads Gr.
Avenue
Avenue
Lower
Sloane
St
Hobelin Pl.
ONSLOW GDNS
Chelsea Green
Road
Sidney
ROYAL MARSDEN
Cale
Street
Saatchi Gallery
Pimlico
Rd.
ST LUKE
Jubilee Place
Markham St
King's
Royal
Avenue
Franklin's Row
Chelsea Bridge
Gardens
Fulham
South Parade
ROYAL BROMPTON
St Leonard's Terrace
Road
Old
CHELSEA SQ.
Dovehouse
Manresa Road
Street
Chelsea
Bursnall St
Wellington Square
Smith
Radnor Walk
Burton's Court
CHELSEA
Street
Shawfield St
Street
RANELAGH GARDENS
ELM PARK GARDENS
Road
Tedworth Sq.
St
Hospital
Royal Hospital
Park
CARLYLE SQ.
Road
Manor
Church
Christchurch
Elm
Oakley
Glebe Pl.
King's
Street
Flood
Royal
NATIONAL ARMY MUSEUM
Beaufort
Street
St
Chelsea Physic Garden
Street
Embankment
Chelsea
CARLYLE'S HOUSE
QUEEN'S HOUSE
Danvers
Street
CHELSEA OLD CHURCH
Lawrence St
Walk
BELGRAVIA & KNIGHTSBRIDGE
CHELSEA & SOUTH KENSINGTON
HYDE PARK & NORTH KENSINGTON
Street
Cheyne
Albert Br.
CROSBY HALL
ROPERS GARDEN
THAMES
0
500 m
500 yards
LINSDEY HOUSE, CHELSEA HARBOUR

Chelsea★★ et South Kensington★★

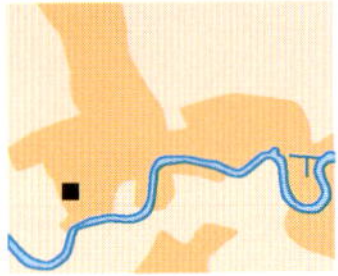

Le long des jolies rues de Chelsea, boutiques élégantes et originales, antiquaires, cafés et restaurants se succèdent dans une atmosphère animée et bobo. Du côté de South Kensington, quartier résidentiel aux rues arborées bordées de belles maisons victoriennes, s'élèvent trois des plus grands musées de Londres. Surnommé la « Froggy Valley » par les Londoniens, le quartier abrite une importante communauté française, établie autour du lycée français Charles-de-Gaulle et des librairies francophones.

▶**Accès :** ⊖ Sloane Square, South Kensington et Gloucester Road.
Plan de quartier** **p. 72-73**. **Plan détachable A/B/C5-6-7-8.

SLOANE SQUARE

C6 ⊖ *Sloane Square.* Sur cette place animée se tiennent, entre autres, le **Royal Court Theatre** (spécialisé dans le répertoire d'avant-garde depuis 1870) et le magasin Peter Jones (1936). Plaque commémorative de l'inventeur de l'heure d'été, William Willett.

HOLY TRINITY

C6 ⊖ *Sloane Square.*
Sloane St. - ✆ 020 7730 7270 - www.holytrinitysloanesquare.co.uk - ♿ - lun.-vend. 9h-18h, sam. 9h30-18h.
L'**église de la Ste-Trinité** fut rebâtie en 1888. C'est **Burne-Jones**, issu du mouvement des préraphaélites, qui conçut les 48 vitraux du chœur. La décoration et l'architecture parviennent ici à une rare unité. Remarquez aussi le très délicat travail du métal.

KING'S ROAD★

A8-B/C7 ⊖ *South Kensington.* Voici le royaume des amateurs de shopping. À l'origine simple sentier, King's Road doit son nom à Charles II, qui l'élargit pour pouvoir gagner rapidement Fulham, où demeurait sa belle amie Nell Gwynn. Cette grande artère commerçante est connue pour ses boutiques de mode, ses antiquaires, ses restaurants et ses pubs. Les petites rues situées au nord sont bordées de maisons traditionnelles construites pour des artisans.

SAATCHI GALLERY

C7 *Duke of York's HQ, King's Road - ⊖ Sloane Square - ✆ 020 7811 3070 - www.saatchigallery.com - 10h-18h (dernière entrée 17h30) - gratuit - café, restaurant.*
Les 13 vastes pièces de cet espace consacré à l'art contemporain

(peinture, sculpture, vidéo, installations) sont le cadre de trois à quatre expositions chaque année, présentant des artistes le plus souvent inconnus ou n'ayant encore jamais été exposés au Royaume-Uni.

ROYAL AVENUE

B/C7 *Sloane Square.*
Plantée d'arbres au 17e s., cette avenue double ouvre une perspective sur le pavillon central du Royal Hospital par une allée coupant le terrain de **Burton's Court**, limité au nord par **St Leonard's Terrace** (façades georgiennes aux nos 14-31). Les fans de James Bond le savent sans doute, c'est dans Royal Avenue qu'habite le fameux agent secret !

ROYAL HOSPITAL★★

C7 *Royal Hospital Rd - Sloane Square - 020 7881 5200 - www.chelsea-pensioners.co.uk - lun.-sam. 10h-12h, 14h-16h, dim. 14h-16h ; parc ouv. mai.-sept. : 10h-20h ; oct.-avr. : 10h-16h30 - gratuit.*
Fondé en 1682 par Charles II à l'image de l'hôtel des Invalides que Louis XIV avait fait construire à Paris, il fut ensuite agrandi par Jacques II, puis par Guillaume et Marie, qui confièrent les travaux à **Wren**. Remarquez l'entrée principale, sous son porche octogonal couronné d'une lanterne.
Les vieux soldats en sont toujours les hôtes, de même que le célèbre **RHS Chelsea Flower Show** (*p. 165*).

CHELSEA PHYSIC GARDEN★

B8 *66 Royal Hospital Rd - Sloane Square - 020 7349 6458 - www.chelseaphysicgarden.co.uk - - avr.-oct. : lun. 11h-17h, mar.-vend., dim. et j. fériés 11h-18h ; nov.-mars : lun.-vend. 10h-16h (dernière entrée 30mn av. fermeture) - 10,50 £ - café.*
Fondé en 1673 par l'Honorable Société des apothicaires, le plus vieux jardin botanique de Londres servait de terrain d'expérimentation aux étudiants. Il poursuit un important programme de recherches.

CHEYNE WALK★

A/B8 *Sloane Square.*
Une agréable promenade le long de la Tamise, quand la circulation n'y est pas trop dense. Là s'alignent de belles demeures en brique rouge, où résidèrent des artistes tels que l'écrivaine **George Eliot** (n° 4), le poète et peintre préraphaélite **D. G. Rossetti** (n° 16), le chanteur Mick Jagger (n° 48) ou les peintres Whistler (n° 96) et Turner (n° 119).

BROMPTON ROAD

B5-6 *Knightsbridge ou South Kensington.*
Le triangle délimité par **Knightsbridge** et Brompton Road constitue un quartier résidentiel typiquement georgien, organisé autour de trois places : **Trevor Square** (1818), **Brompton Square** (1826) et **Montpelier Square**★ (1837).
Les demeures, aux rez-de-chaussée en stuc et aux étages supérieurs

de brique, sont ornées de fenêtres et de portes élancées ainsi que de magnifiques balcons. Entre ces places s'insèrent un entrelacs de ruelles, des cottages aux couleurs délavées *(Rutland Street)* et des clôtures fermant les jardinets fleuris.
Bien qu'aménagé peu de temps après les places, **Ennismore Gardens** présente déjà un style victorien avec ses maisons de stuc et ses porches à piliers rectangulaires. **All Saints**, l'église de Tous-les-Saints, bâtie en style Early English, est aujourd'hui consacrée au culte orthodoxe russe.

MICHELIN HOUSE

B6 *81 Fulham Rd - ⊖ South Kensington.* Inauguré en 1910, l'immeuble – le premier en Angleterre à posséder une structure en béton armé – fut occupé jusqu'en 1985 par la société des pneumatiques Michelin.
Sa **décoration Art nouveau★** a été restaurée et les vastes baies vitrées carrelées ont pu être préservées, malgré une restructuration considérable du bâtiment. Il abrite aujourd'hui le **Conran Shop** *(« Nos adresses/Shopping » p. 139)* et le **Bibendum Restaurant** *(« Nos adresses/Se restaurer » p. 123).*

VICTORIA AND ALBERT MUSEUM★★★

B6 *Accès par Exhibition Rd (entrée principale) et Cromwell Rd - ⊖ South Kensington - ✆ 020 7942 2000 - www.vam.ac.uk - ♿ - 10h-17h45 (vend. 22h) - possibilité de visites guidées - fermé 24-26 déc. - gratuit sf expositions - restaurant, cafés.*
Musée national des Arts décoratifs et du Design en Grande-Bretagne, le Victoria and Albert Museum fut érigé afin d'accueillir les œuvres qui avaient été créées pour l'Exposition universelle de 1851. En 1857, la collection fut transférée de Marlborough House au South Kensington Museum ; plus tard (1899), le musée fut renommé en l'honneur de la reine, qui posa la première pierre de l'édifice actuel en brique. La collection disparate des débuts s'enrichit alors rapidement de nouvelles acquisitions pour réunir aujourd'hui les beaux-arts et les arts appliqués de tous les pays, de tous les styles et de toutes les périodes (2 millions d'objets, 10 km de galeries).
Même ceux qui sont allergiques aux musées trouveront leur bonheur au V & A, comme les Londoniens le surnomment ; on peut y admirer la collection nationale de meubles, de sculptures britanniques, de textiles, de céramiques, d'argenterie et d'aquarelles, de 1500 à 1900. Mais aussi des sculptures de la Renaissance italienne, des tapis de l'art islamique, des laques japonaises ou encore le travail contemporain du verre, parmi d'innombrables œuvres toutes civilisations et époques confondues.
Il ne sera pas possible de tout découvrir en une seule visite. Ainsi, pour vous y retrouver dans ce foisonnement d'objets, armez-vous d'un plan et dirigez-vous vers les

salles qui vous attirent naturellement pour la zone géographique ou l'époque qu'elles couvrent.
La nouvelle entrée du musée, sur Exhibition Road, fait face aux musées des Sciences et d'Histoire naturelle. Elle ouvre sur Sackler Courtyard, un vaste patio bordé d'un café et d'une boutique, et mène, en sous-sol, à l'immense Sainsbury Gallery et à des ateliers de conservation.

NATURAL HISTORY MUSEUM★★

***A/B6** Cromwell Rd - ⊖ South Kensington - ✆ 020 79 42 50 00/11 - www.nhm.ac.uk - ♿ - 10h-17h50 (dernière entrée 17h30) - fermé 24-26 déc. - gratuit sf expositions - soirées thématiques et nuits « dinosaures » pour adultes ou enfants (calendrier et réserv. sur le site Internet) - restaurant, cafés.*
Le grand palais d'Alfred Waterhouse, inspiré de l'architecture médiévale de Rhénanie, abrite depuis 1881 le Muséum national d'histoire naturelle, qui a vu le jour grâce aux dons de collections privées. Le naturaliste et collectionneur irlandais **Sir Hans Sloane** (1660-1753) légua en effet plus de 80 000 spécimens d'animaux, plantes, pierres et minéraux amassés au cours de sa vie. Le botaniste **Joseph Banks** (1740-1820) céda quant à lui l'herbier réalisé en 1768-1771 lors de son voyage autour du monde aux côtés du capitaine James Cook. Le musée s'est par la suite enrichi des collections de l'East India Company (1858), de la Zoological Society of London (1938) et, plus récemment, du Musée

J. Larrea/age fotostock
Natural History Museum.

géologique (1985). Aujourd'hui, la collection illustre toutes les formes de vie, de la plus petite bactérie à la créature la plus grande, en passant par les fossiles et les dinosaures, les minéraux et les roches. Le bâtiment principal, sur Cromwell Road, abrite les galeries de la Vie *(Life Galleries)* et le centre Darwin, à la conception high-tech, consacré à l'évolution. Le bâtiment qui donne sur Exhibition Road rassemble les galeries de la Terre *(Earth Galleries)*.
À savoir : la réplique de l'impressionnant squelette de diplodocus, d'ordinaire exposé dans Hintze Hall et connu sous le nom de Dippy, est en tournée jusqu'en 2020, c'est une baleine qui le remplace.

SCIENCE MUSEUM★★★

A/B6 *Exhibition Rd - ⊖ South Kensington - ✆ 0870 870 48 68 - www.sciencemuseum.org.uk - ♿ - 10h-18h ; vac. scol. : 10h-19h (sf dernier merc. du mois 18h), dernière entrée 45mn av. fermeture ; nocturnes thématiques pour adultes chaque dernier merc. du mois (sf déc.) - fermé 24-26 déc. - gratuit sf simulateurs de vol, cinéma IMAX, Discovery Motion Theatre, Wonderlab et certaines expositions - restaurant, cafés.*

Ce laboratoire-usine des inventions humaines s'étend sur près de 3 ha. Temple des sciences, ce musée est remarquable à bien des égards : pour la richesse de ses collections – plus de 10 000 objets exposés, certains d'une valeur inestimable, couvrant toute l'histoire occidentale de la science, de la technologie et de la médecine – et pour la qualité de ses expositions pédagogiques qui privilégient pour beaucoup l'interactivité. Il est évident que vous ne pourrez parcourir les six étages du musée dans la journée. Aussi est-il préférable de sélectionner dans le guide d'accueil les thèmes qui vous intéressent le plus avant de vous laisser aller à la découverte d'innombrables maquettes, tirer des manettes, pousser des boutons ou faire vous-même des expériences. Parmi les espaces les plus prisés : la **galerie Flight** (Envol), consacrée aux progrès du transport aérien, la **Fly Zone**, où petits et grands pourront expérimenter différents **simulateurs de vols** *(payants)*, et le tout nouveau **Wonderlab** *(payant)*, galerie interactive où les plus jeunes peuvent s'essayer au métier de scientifique. L'aile Wellcome abrite le **cinéma IMAX** et le **Theatre en 3D Discovery Motion** *(payants)*, ainsi que la galerie **Antenne** et son exposition temporaire dédiée à l'actualité de la science, de la médecine et de la technologie, qui distrait les visiteurs tout en stimulant leur imagination. Si vous êtes pressés, privilégiez les galeries Construire le monde moderne *(rdc)*, Antenne *(aile Wellcome, rdc)*, Matériaux inattendus *(1er étage)*, Envol *(3e étage)* et Scènes de l'histoire médicale *(4e étage)*.

ROYAL ALBERT HALL★

A5 *⊖ South Kensington, Knightsbridge - ✆ 020 7589 8212 - www.royalalberthall.com - Possibilité de visite guidée.*

L'Albert Hall fut conçu par un ingénieur royal, le capitaine Fowke. De forme circulaire, construit en brique rouge, avec un dôme métallique, il représente l'exact opposé de l'Albert Memorial (*p. 80*), tant pour la forme que pour l'ornementation : son unique décoration consiste en une frise de terre cuite évoquant le Triomphe des Arts et des Sciences.

Consacré à des activités extrêmement diverses, il est pendant huit semaines successives, en été, le cadre des fameux **Proms** ou concerts-promenades, qui attirent jusqu'à 7 000 spectateurs à la fois (*p. 166*).

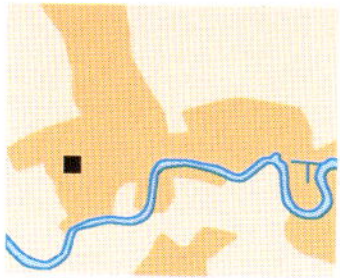

Hyde Park★★ et North Kensington★★

Véritables poumons verts de la capitale, Hyde Park et Kensington Gardens forment ensemble le plus grand jardin public de la ville. En toute saison, les Londoniens viennent y faire du vélo ou du roller, courir, canoter... ou écouter un concert. Avec ses belles maisons ornées de stuc blanc et ses rues commerçantes bordées de boutiques élégantes, le quartier de North Kensington s'enorgueillit de ses fréquentations aristocratiques. Il constituera pour les amateurs de shopping une heureuse alternative à Knightsbride et Oxford Street.

▶**Accès :** ⊖ Marble Arch, Hyde Park Corner, Lancaster Gate, Queensway, Bayswater, High Street Kensington, Notting Hill Gate, Holland Park.
Plan de quartier p. 72-73. Plan détachable ABC4-5.

S. Frances/ hemis.fr

Hyde Park.

HYDE PARK★★

BC4-5 ⊖ *Marble Arch ou Queensway - www.royalparks.org.uk - 5h-0h.*
À l'est du pont de la Serpentine et de West Carriage Drive, ce grand parc attire les Londoniens au moindre rayon de soleil. L'été, ils y écoutent des orchestres, canotent sur la Serpentine, montent à cheval, exercent leurs talents au golf...
À l'angle nord-est de Hyde Park s'élève **Marble Arch**, un arc de triomphe en marbre blanc dessiné en 1827 par **John Nash** pour marquer l'entrée principale de Buckingham Palace. Se révélant trop étroit pour laisser passer les carrosses, il fut démonté et reconstruit ici, à l'endroit où se dressait jadis le gibet de Tyburn.

Non loin, **Speakers'Corner** *(Coin des orateurs)* est un lieu de débat public institué en 1872, témoignant de la liberté d'expression des Britanniques.
Au sud-ouest du parc, la **fontaine de Diana** *(Princess Diana Memorial Fountain)* a été aménagée en 2004.

KENSINGTON GARDENS★★

A4-5 *⊖ Queensway ou Lancaster Gate - www.royalparks.org.uk - ouv. de 6h à la tombée de la nuit.*
Les jardins de Kensington connurent leur plus belle période sous les reines Marie, Anne et Caroline (épouse de George II) avec les jardiniers royaux Henry Wise et son successeur, en

1728, Charles Bridgeman. C'est au 18e s. que fut creusé l'Étang rond *(the Round Pond)*, d'où des avenues rayonnent en direction de la Serpentine et de la Long Water.
Autre réalisation de cette période : l'**orangerie★**, transformée depuis en restaurant-salon de thé *(fermé pour rénovation jusqu'en 2020)*.

Serpentine Gallery

Au sud-est de Kensington Gardens - ✆ 020 7402 6075 - www.serpentinegallery.org - ♿ - mar.-dim. et j. fériés 10h-18h - restaurant, salon de thé.
Ce joli pavillon propose des expositions d'art contemporain de qualité. Une annexe aménagée par Zaha Hadid, la **Serpentine Sackler Gallery**, a ouvert en 2013 de l'autre côté de la Serpentine et inclut un restaurant.

Albert Memorial★

Inauguré en 1876, il élève, au sommet de quatre volées de marches, sa flèche néogothique réalisée par George Gilbert Scott. Au centre, entourée de statues allégoriques et d'une frise de 169 effigies d'artistes, trône une statue de bronze doré de l'époux de la reine Victoria, promoteur des arts et de l'enseignement.
Le prince Albert (1819-1861) est notamment à l'origine des grands musées de Kensington, quartier surnommé un temps « Albertopolis ».

KENSINGTON PALACE★

A5 *Dans Kensington Gardens - ⊖ Queensway ou High Street Kensington - ✆ 0844 482 7799 - www.hrp.org.uk - ♿ - 10h-18h (nov.-fév. : 16h), dernière entrée 1h av. fermeture - fermé 24-26 déc. - 14,40 £.*
Depuis son acquisition en 1689 par Guillaume III, cette maison du début du 17e s. a connu trois périodes : sous la maison d'Orange, c'était la résidence privée du monarque et **Wren** en fut le principal architecte ; sous les premiers Hanovre, elle devint palais royal, décoré par Campbell et Kent ; depuis 1760, c'est une résidence réservée aux membres de la famille royale. La reine Victoria, à qui une salle est entièrement dédiée, y vécut, ainsi que le prince de Galles et la princesse Diana. On l'aura compris, le palais joue la carte de la Couronne pour son programme d'exposition. Vêtements de cérémonie, objets, tableaux forment l'essentiel des collections.

18 STAFFORD TERRACE★

A5 en dir. *18 Stafford Terrace - ⊖ High Street Kensington - ✆ 020 7602 3316 - www.rbkc.gov.uk (rubrique « Leisure and Culture/Our museums ») - visite guidée (10 £) : merc. et dim. (traditionnelle), dim. (costumes) 11h ; visite libre (7 £) : merc., sam. et dim. 14h-17h30.*
Le célèbre illustrateur **Linley Sambourne** (1844-1910) emménagea dans cette maison en 1875 et s'attacha à l'embellir, optant pour le style dit « esthétique » en vogue à l'époque. Les pièces ont conservé leur décoration et leur mobilier d'origine.

HOLLAND PARK★

A6 en dir. *Entrée par Kensington High St., Abbotsbury Rd et Holland Park Ave. - ⊖ Holland Park ou High Street Kensington - de 7h30 à 30mn av. le coucher du soleil.*
Ce joli parc de 22 ha est très populaire auprès des familles londoniennes, qui apprécient la quiétude de ses allées ombragées et de son jardin japonais, ses jeux pour enfants ainsi que ses nombreuses installations sportives.

DESIGN MUSEUM★★

A6 en dir. *224-238 Kensington High St. - ⊖ High Street Kensington - ✆ 020 7940 8790 - www.designmuseum.org - ♿ - 10h-18h (dernière entrée 17h), nocturnes 1er vend. du mois 20h - fermé 25-26 déc. - gratuit sf expositions temporaires - café, restaurant.*
Cet impressionnant espace de 10 000 m² mérite une visite surtout pour son dernier étage, où l'on découvre l'évolution du design contemporain avec la collection permanente « Designer Maker User », qui présente des objets-clé de chaque grand domaine du design (habitat, transports, informatique, automobile, textile, etc.). Les expositions temporaires sont présentées au rez-de-chaussée, à côté du café et du magasin. Asseyez-vous sur les marches, dans le hall d'entrée, pour admirer le plafond en forme de parabole : la rénovation menée par John Pawson met en valeur la structure en béton de l'ancien Commonwealth Institute, typique des années 1960.

LEIGHTON HOUSE MUSEUM★

A6 en dir. *12 Holland Park Rd - ⊖ High Street Kensington - ✆ 020 7602 3316 - www.rbkc.gov.uk (rubrique « Leisure and Culture ») - tlj sf mar. 10h-17h30 (dernière entrée 17h) - fermé 1er janv. et 25-26 déc. - visite guidée merc. et dim. 15h - nocturne thématique un vend. par mois - 9 £.*
Cette maison construite en 1866 par Lord Leighton (1830-1896), peintre victorien, président de l'Académie royale, reflète à merveille le style victorien dans ses aménagements.

Notting Hill★★ et Little Venice★

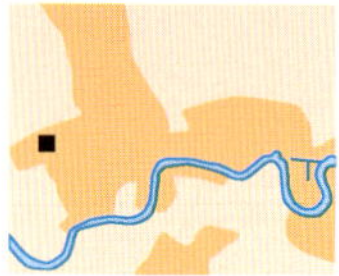

Les façades rose framboise, jaune canari, vert d'eau, bleu roi et les « mews » paisibles de Notting Hill composent l'une des plus jolies cartes postales de Londres. Autour de Portobello Road, la rue principale, se succèdent restaurants, cafés bobos, élégantes boutiques de créateurs et galeries d'artistes. Sans oublier le célèbre marché aux puces qui, en fin de semaine, attire des hordes de chineurs en quête d'un vieux vinyle, d'un bibelot ou d'un meuble ancien. Succès oblige, il y a beaucoup de monde, mais il suffit de prendre les chemins de traverse pour savourer l'atmosphère village chic de Notting Hill. Amateur de fripes ou d'objets vintage, vous gagnerez le nord du quartier, plus populaire et moins touristique.

▶**Accès :** ⊖ Notting Hill Gate, Ladbroke Grove, Warwick Avenue.
Plan de Notting Hill ci-contre. Little Venice sur le plan détachable en A2-3.
▶**Conseil :** Préférez les vendredi et samedi, jours du marché de Portobello.

PORTOBELLO ROAD★

A3 en dir. *⊖ Notting Hill Gate, Ladbroke Grove.*
Cette rue sinueuse, autrefois chemin à travers champs depuis le péage de Notting Hill Gate, s'anime les vendredi et samedi, jours du **marché aux puces** *(9h-17h).* Fin août, Portobello Road est le point de ralliement du **carnaval de Notting Hill** *(p. 166).*
Depuis Chepstow Villas jusqu'au croisement avec Lonsdale Road, c'est une succession de boutiques d'antiquités qui alternent avec quelques restaurants sophistiqués. L'atmosphère se popularise à mesure que l'on se dirige vers le nord, notamment du côté de **Golborne Road**, où les antiquaires côtoient d'agréables cafés, épiceries, pâtisseries marocaines et portugaises, dans une ambiance presque méditerranéenne.

KENSINGTON PARK ROAD

A3 en dir. *⊖ Ladbroke Grove.*
Kensington Park Road rivalise avec Portobello Road en termes d'animation. Bars et restaurants y restent ouverts tard en soirée.

LITTLE VENICE★

A2-3 *⊖ Warwick Avenue - sur Bloomfield Rd, à l'ouest d'Edgware Rd.*
La **Petite Venise** est un séduisant bassin triangulaire bordé de saules pleureurs à la jonction du Regent's Canal et du Paddington Basin. Ses eaux reflètent des demeures georgiennes alternant avec des immeubles modernes et le bureau des mariniers (ancien octroi). C'est le point de départ de promenades sur les canaux qui mènent jusqu'à Camden *via* le zoo de Regent's Park *(p. 89, p. 93 et p. 163).*

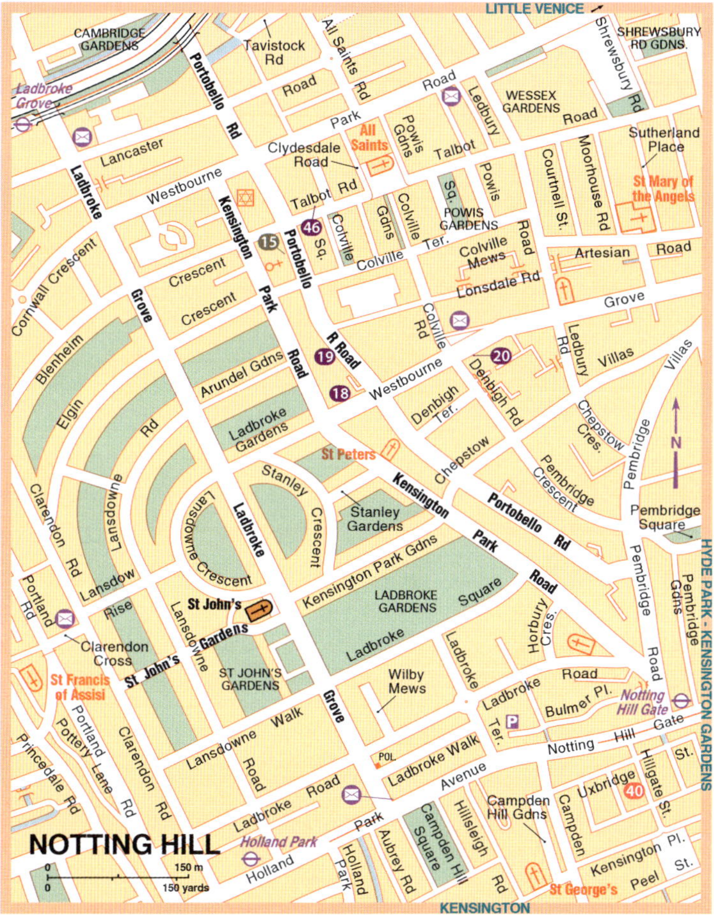

SE RESTAURER

Fat Tokyo 40 — Pedlars 46 — Portobello Road.................. 19

SHOPPING

Oxfam.............................. 20 — Paul Smith.......................... 18

SORTIR

Electric Cinema.................. 15

Marylebone★ et Regent's Park★★★

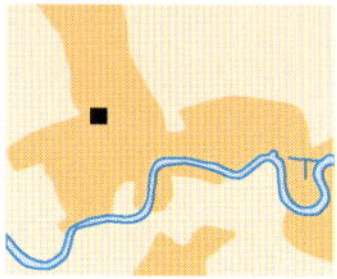

Nul besoin de s'appeler Sherlock Holmes pour deviner qu'Oxford Street – l'artère commerçante la plus longue au monde – et les rues voisines, bordées de boutiques élégantes, constituent un véritable paradis pour les adeptes du lèche-vitrines. Mais le quartier huppé de Marylebone réserve également d'agréables surprises au promeneur qui part à la découverte de ses ruelles et squares tranquilles, où se nichent de splendides demeures du 18e s., l'une d'elles abritant les trésors de la Wallace Collection. Pour échapper radicalement à l'univers urbain, il suffit de rejoindre, plus au nord, les étendues verdoyantes du très beau Regent's Park.

▶**Accès :** ⊖ Regent's Park, Great Portland Square, Baker Street, Marble Arch, Bond Street.

Plan de quartier p. 87. Plan détachable B/C/D1-2-3-4.

▶**Conseil :** Si vous tenez à visiter Madame Tussauds, achetez votre billet à l'avance pour éviter la longue file d'attente.

OXFORD STREET★

C/D3-4 ⊖ *Bond Street*. Oxford Street s'étend vers l'est jusqu'à Marble Arch (*p. 79*) et les abords de Hyde Park. Rue commerçante par excellence, elle abrite au n° 400 le célèbre et imposant magasin **Selfridges**, construit en 1908 par Gordon Selfridge : d'immenses colonnes ioniques s'élançant sur trois niveaux vers un attique à balustrade, avec une entrée protégée par un dais. D'autres grands magasins se succèdent : John Lewis, D. H. Evans, Debenhams, Marks and Spencer, etc. À l'est, l'artère rejoint Bloomsbury (*p. 90*).

LES PLACES★

B/C3 ⊖ *Baker Street.*
Gloucester Place séduit par ses petites allées et ses balcons en fer forgé. **Montagu Square**, qui date du début du 19e s., aligne des résidences dont les rez-de-chaussée sont éclairés par de petits bow-windows. Anthony Trollope vécut ici au n° 39 (1873-1880). **Bryanston Square**, qui date de la même époque, est ornée de terrasses en stuc.
À l'angle nord-est de **Portman Square** s'élèvent encore les deux plus belles maisons qui aient jamais occupé la place (nos 20 et 21).

R. Leaver/Loop Images/age fotostock

Oxford Circus.

La première, construite par **Robert Adam** entre 1772 et 1777, était destinée à Élisabeth, comtesse de Hume.
St Christopher's Place est, quant à elle, une charmante zone piétonne bien connue pour ses cafés en terrasse et ses petites boutiques.

WALLACE COLLECTION★★★

C3 *Hertford House, Manchester Square - ⊖ Bond Street - ✆ 020 7563 9500 - www.wallacecollection.org - ♿ - 10h-17h - fermé 24-26 déc. - gratuit - audioguide 4 £ - visites guidées : 11h30, 13h et 14h30 selon les jours - restaurant, café.*

Au cœur de Marylebone, sur une place georgienne, **Hertford House** abrite la superbe collection d'art français réunie par le 4e marquis de Hertford (1800-1870), qui vécut le plus souvent à Paris, au château de Bagatelle dans le bois de Boulogne. À la collection familiale de maîtres italiens et de peinture hollandaise du 17e s., il ajouta du mobilier français du 18e s., des porcelaines de Sèvres, ainsi que des toiles de **Watteau**, **Boucher** et **Fragonard**. Son fils naturel, **Richard Wallace** (1818-1890), qui dota Paris des fontaines portant son nom, accrut encore la collection, qu'il transféra en Angleterre et dont sa veuve fit don à la nation britannique en 1900.
Au rez-de-chaussée se trouve la galerie consacrée à la Renaissance avec des œuvres mêlant sculptures et peintures italiennes, françaises et

flamandes. Viennent ensuite de vastes salles exposant des armes anciennes européennes et orientales.
Au 1er étage, la **Grande Galerie★★**, qui a retrouvé toute sa splendeur, réunit les plus grands tableaux des 17e et 18e s. : entre autres un *Persée et Andromède* de **Titien**, *La Femme à l'éventail* de **Vélasquez**, deux impressionnants portraits en pied de *Philippe Le Roy* par **Van Dyck**, le superbe *Cavalier riant* de **Frans Hals** (ce n'est pas un cavalier et il n'esquisse qu'un vague sourire énigmatique), *Le Paysage avec arc-en-ciel* de **Rubens**, dont le pendant se trouve à la National Gallery; plusieurs peintures religieuses dont *L'Adoration des bergers* de **Murillo**, et un émouvant portrait de son fils *Titus* par **Rembrandt**, mais également des œuvres de Nicolas Poussin, Philippe de Champaigne et des portraitistes anglais Thomas Gainsborough et Thomas Lawrence. De beaux salons somptueusement ornés font également la part belle aux toiles riches et colorées du 18e s. français (Greuze, Boucher, Fragonard, etc.).

MADAME TUSSAUDS★

C2 *Marylebone Rd - ⊖ Baker Street - ✆ 0870 400 3000 - www.madame-tussauds.com - horaires variables selon les jours et les mois (dernière entrée 1h30 av. fermeture) - 35 £ (enf. 30 £, tarif réduit et billet coupe-file sur le site Internet) - possibilité de billet combiné avec le Coca-Cola London Eye et les attractions de South Bank (**p. 60**).*
Le célèbre musée de cire présente, avec la famille royale française (Louis XVI et Marie-Antoinette) réalisée par Mme Tussaud elle-même, les effigies de personnages illustres de tous les pays et de toutes les époques, tant hommes d'État que sportifs et artistes ou meurtriers anglais, mis en scène dans des cadres parfois très réalistes.

SHERLOCK HOLMES MUSEUM

C2 *221B Baker St. - ⊖ Baker Street - ✆ 020 7224 3688 - www.sherlock-holmes.co.uk - 9h30-18h - fermé 25 déc. - 15 £.*
Reconnaissez qu'il est étonnant de consacrer un musée à quelqu'un qui n'a jamais existé. On pénètre pourtant avec bonheur dans l'appartement victorien où « habitaient » Sherlock Holmes et le docteur Watson entre 1881 et 1904, aménagé d'après les descriptions glanées au fil des pages des romans de Sir Arthur Conan Doyle. Une visite recommandée aux passionnés, qui reconnaîtront l'incontournable panoplie casquette-pipe-loupe, mais aussi des indices, pièces à conviction et armes du crime tirés des aventures du célèbre détective.

REGENT'S PARK★★★

C1-2 *⊖ Regent's Park - www.royalparks.org.uk - horaires variables selon les saisons.*
Au début du 19e s., de vastes terrains qui avaient été attribués par Cromwell à divers exploitants furent rétrocédés à la Couronne, qui prit le parti de les faire aménager. L'époque était alors aux opérations immobilières

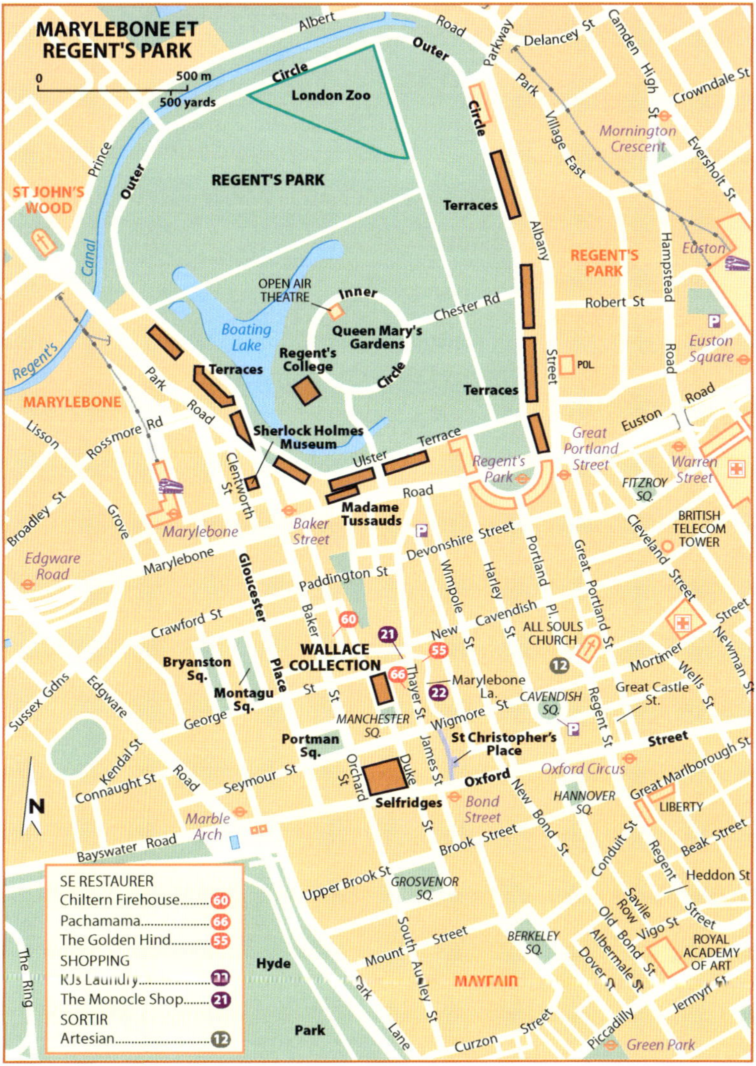
MARYLEBONE ET
REGENT'S PARK
0
500 m
500 yards
N
LORD'S CRICKET GROUND CLUB
London Zoo
REGENT'S PARK
ST JOHN'S
WOOD
MARYLEBONE
REGENT'S
PARK
MAYFAIR
Albert
Road
Outer
Circle
Prince
Regent's
Canal
Parkway
Delancey St
Camden
High
St
Crowndale St
Park
Village
East
Mornington
Crescent
Eversholt
St
Euston
Terraces
Albany
Street
Hampstead
Road
Robert St
Euston
Square
POL
OPEN AIR
THEATRE
Inner
Boating
Lake
Queen Mary's
Gardens
Chester Rd
Regent's
College
Terraces
Circle
Park
Road
Sherlock Holmes
Museum
Lisson
Rossmore
Rd
Ulster
Terrace
Regent's
Park
Great
Portland
Street
Euston
Road
Warren
Street
FITZROY
SQ.
Clentworth
St
Road
Madame
Tussauds
Baker
Street
Marylebone
Broadley St
Grove
Edgware
Road
Marylebone
Gloucester
Place
Devonshire Street
Paddington St
Wimpole
Harley
Portland
Pl.
Great Portland St
Cleveland
Street
BRITISH
TELECOM
TOWER
Crawford St
Baker
St
60
21
New
55
Cavendish
St
St
ALL SOULS
CHURCH
12
WALLACE
COLLECTION
Bryanston
Sq.
Montagu
Sq.
66
Thayer St
Marylebone
La.
22
CAVENDISH
SQ.
Regent St
Mortimer
Great Castle
St.
Wells
St
Newman
St
Street
Sussex Gdns
Edgware
Road
George
St
MANCHESTER
SQ.
Wigmore
St
Portman
Sq.
St Christopher's
Place
James St
Street
Kendal St
Connaught St
Seymour St
Orchard
St
Duke
St
Oxford
Selfridges
Bond
Street
New Bond St
Oxford Circus
HANNOVER
SQ.
Great Marlborough St
LIBERTY
Marble
Arch
Bayswater Road
Brook Street
Upper Brook St
GROSVENOR
SQ.
Conduit St
Regent
Street
Beak Street
Heddon St
Savile
Row
Vigo St
Old Bond St
Albemarle St
Dover St
ROYAL
ACADEMY
OF ART
BERKELEY
SQ.
South Audley St
Mount Street
Park
Lane
Hyde
Park
The Ring
Curzon Street
Piccadilly
Jermyn St
Green Park
SE RESTAURER
Chiltern Firehouse 60
Pachamama 66
The Golden Hind 55
SHOPPING
KJs Laundry 22
The Monocle Shop 21
SORTIR
Artesian 12

d'envergure et c'est **Nash** qui élabora le plan du nouveau quartier. Celui-ci ne fut réalisé qu'en partie entre 1817 et 1825 : ni les villas, ni le panthéon, ni son auréole d'immeubles ne virent le jour.

La route circulaire intérieure, **Inner Circle**, ceinture un ancien jardin botanique, aujourd'hui transformé en jardin floral, **Queen Mary's Gardens**, qui englobe un théâtre de plein air.

À l'extérieur d'Inner Circle, The Holme est l'une des rares villas prévues par Nash, tandis que le **Regent's College** en occupe une autre, reconstruite et agrandie au 20e s.

Outer Circle, anneau routier réalisé à la périphérie du parc, est en revanche conforme au projet. Trois de ses bords externes sont longés de splendides **palais**★★ constituant des **terraces**.

LES « TERRACES » À L'OUEST D'OUTER CIRCLE★★

B/C2 ⊖ Regent's Park. Suivez la promenade dans le sens des aiguilles d'une montre.

Park Crescent (1821) est un gracieux hémicycle de style classique conçu par **Nash** pour relier Portland Place à Regent's Park. Les immeubles (1823-1824) constituant les ailes est et ouest de **Park Square** sont ornés d'une colonnade simple de style ionique.

Ulster Terrace (1824) se reconnaît à ses deux paires de baies accolées, disposées à chaque extrémité du bâtiment.

S'allongeant sur près de 330 m – soit la moitié de la largeur du parc ! –, **York Terrace** (1821) se compose de deux blocs symétriques organisés autour de York Gate et de quelques maisons annexes. Des villas, ornées d'imposantes colonnes corinthiennes, encadrent le corps central, tandis que les maisons de York Gate sont de style ionique.

Cornwall Terrace (1822) est un long bâtiment (170 m) à colonnades corinthiennes destinées à créer une perspective fuyante.

Le corps central et les angles de **Clarence Terrace** (1823) possèdent de lourds frontons corinthiens sur arcade ionique.

Sussex Place (1822) présente un bâtiment incurvé, abritant la London Graduate School of Business Studies, qui surprend par ses tours coiffées

J. Castle/Loop Images/age fotostock

Park Crescent, conçu par Nash.

de dômes en forme de casque à pointe, reliées par un alignement de colonnes corinthiennes. Le Collège royal d'obstétrique et de gynécologie occupe un immeuble de brique construit en 1960.
Les frontons bleu pâle de **Hanover Terrace** (1823) servent d'arrière-plan à une frise de plâtre et de piédestal à des statues se découpant sur le ciel. Derrière un petit pavillon octogonal, à Hanover Gate, se profile la **mosquée** (1977), avec son minaret blanc surmonté d'un dôme doré et d'un mince croissant. Conçue par **Sir Frederick Gibberd**, sa façade gris clair est percée de hautes fenêtres à cinq meneaux, regroupées par quatre. D'autres bâtiments modernes abritent le Centre culturel islamique.
Hanover Lodge consiste en une rangée de villas modernes (1989) s'harmonisant avec une villa du 18e s.

LES « TERRACES » À L'EST D'OUTER CIRCLE★★

C1-2 *⊖ Regent's Park.*
En même temps que les bâtiments voisins, **Cambridge Terrace** (1825) a fait l'objet d'une restauration, tandis que **Cambridge Gate** (1875) reste un édifice entièrement victorien avec toits à pavillon. Ce dernier se dresse sur le site de l'ancien Colisée, grande rotonde où avaient lieu expositions et diaporamas.
Chester Terrace (1825) possède la façade ininterrompue la plus longue (286 m) avec d'imposantes colonnes corinthiennes. À chaque extrémité, des arches triomphales s'ouvrent sur la route d'accès intérieur.
Cumberland Terrace (1826) possède une monumentale façade, aux colonnes ioniques, qui rivaliserait presque avec la précédente (242 m de long). Le fronton central sculpté, qui fait pendant à celui de Hanover Terrace, est surmonté des statues allégoriques de l'Angleterre, des Arts et de la Science.
Le corps principal de **Gloucester Gate** (1827) est flanqué de portiques de stuc, contrastant avec le rouge des tympans et les statues se détachant sur le ciel. Franchissez le portail et faites un détour jusqu'à Albany Street pour voir **Park Village West**. Des *terraces* plus modestes, des maisons plus petites et des cottages dans le style de Nash donnent un air provincial à une adorable rue en forme de fer à cheval.

LONDON ZOO★★

C1 *Regent's Park, Outer Circle - ⊖ Camden Town - possibilité d'y accéder en bateau* via *Regent's Canal - ✆ 0344 225 1826 - www.zsl.org - ♿ - Ouverture à 10h, fermeture variable selon la saison (dernière entrée 1h av. fermeture) - fermé 25 déc. - tarif variable selon la saison, à partir de 29,75 £ (enf. 22 £, tarif réduit et billet coupe-file sur le site Internet) - restaurant, cafétéria.*
En 1828, la Société de zoologie de Londres ouvrit le zoo sur un terrain de 2 ha. Il en couvre actuellement 14. Huit mille animaux de 900 espèces y sont présentés. La Société de zoologie continue à jouer un rôle prépondérant dans la protection des espèces en danger en étudiant notamment leurs conditions de reproduction.

Bloomsbury★

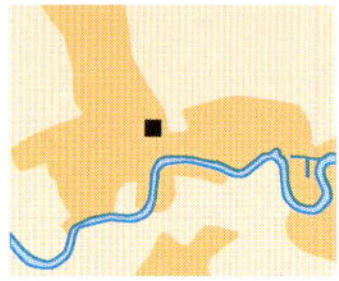

Bloomsbury abrite de belles places des 18ᵉ et 19ᵉ s., bordées de demeures georgiennes et victoriennes. Jadis très prisé des artistes et des écrivains, ce quartier résidentiel fut, au début du 20ᵉ s., le berceau du Bloomsbury Group, auquel appartenait Virginia Woolf. De grandes institutions, comme le British Museum et l'université de Londres, perpétuent cette tradition artistique et intellectuelle.

▶**Accès :** ⊖ Tottenham Court Road, Goodge Street, Russell Square.
Plan détachable D/E2-3.
▶**Conseil :** Le British Museum est immense, ne prévoyez pas un programme trop ambitieux. Pourquoi ne pas suivre l'une des nombreuses visites guidées thématiques gratuites (en anglais) proposées chaque jour ?

BEDFORD SQUARE★★

D/E3 ⊖ Tottenham Court Road.

La plus belle et la mieux conservée des places de Bloomsbury fut aménagée à partir de 1775 par l'architecte Thomas Leverton. Les maisons de brique de trois étages ont des portes arrondies, surmontées d'élégantes fenêtres en demi-lune, et des balcons rehaussés d'un fronton central en stuc au premier étage.

BRITISH MUSEUM★★★

E3 Great Russell St. - ⊖ Tottenham Court Road ou Holborn - ✆ 020 7323 8299 - www.britishmuseum.org - ♿ - 10h-17h30 (vend. 20h30) - visites guidées : programme à l'entrée et sur le site Internet - fermé 1ᵉʳ janv. et 24-26 déc. - gratuit sf certaines expositions - guide multimédia 7 £ - restaurant, cafés.

Si le plus ancien des musées nationaux au monde (1759) présente des joyaux de l'art occidental, il mérite surtout une visite pour ses collections antiques et ethnographiques. Vous ne devez pas manquer les antiquités égyptiennes, avec la fameuse **pierre de Rosette** qui permit à Champollion de déchiffrer les hiéroglyphes. De grandes salles sont réservées aux **sculptures du Parthénon**, rapportées d'Athènes par Lord Elgin. Particulièrement riche, la section des **antiquités assyriennes et babyloniennes** présente des reliefs du palais d'Assourbanipal de Ninive. Les antiquités d'Extrême-Orient, la **galerie d'Ethnographie** *(Museum of Mankind)*, avec sa statue de l'île de Pâques, et les départements consacrés à l'archéologie britannique de la préhistoire (homme de Lindow) au Moyen Âge (jeu d'échecs de Lewis, 12ᵉ s.) en passant par l'époque romaine (vase de Portland), comptent parmi les points forts d'un des plus importants musées du monde.

Great Court – Recouverte par Norman Foster d'une vaste verrière aux armatures d'acier, la cour carrée enserre la salle de lecture circulaire de l'ancienne British Library. Aux aires de jeux pour les jeunes visiteurs succèdent une salle de conférences, la librairie et les boutiques du musée, des expositions temporaires et des cafés. Les sculptures exposées dans les espaces ouverts donnent un avant-goût des richesses du musée.

World Conservation and Exhibitions Centre – Baigné de lumière naturelle, coiffé d'un toit végétalisé et de panneaux solaires, ce nouveau Centre mondial d'exposition et de conservation situé à l'angle nord-ouest est relié aux anciens bâtiments par la Great Court. Inauguré en 2014, il a été conçu par **Rogers**, Stirk, Harbour + Partners, afin d'offrir plus d'espace et de meilleures conditions de travail aux chercheurs, scientifiques et conservateurs du musée. Il accueille également les grandes expositions temporaires.

RUSSELL SQUARE

E2-3 *⊖ Russell Square.* Construit en 1800, Russell Square est bordé de très belles maisons victoriennes. Le jardin, qui occupe presque toute la place, lui donne un air quelque peu bucolique.

CHARLES DICKENS MUSEUM

E2 *48 Doughty St. - ⊖ Russell Square - ✆ 020 7405 2127 - www.dickensmuseum.com - mar.-dim. 10h-17h (dernière entrée 16h), nocturne un jeudi par mois jusqu'à*

Nigel Young/Foster + Partners

La Great Court du British Museum, des architectes Foster and Partners.

20h - fermé lun. (sf j. fériés et déc.), 1er janv. et 25 déc. - 9,50 £.

Il occupe la maison du 18e s. que le plus célèbre des romanciers britanniques habita avec sa famille d'avril 1837 à décembre 1839. C'est la seule de ses résidences londoniennes qui existe encore aujourd'hui. Il n'y vécut que deux ans, mais c'est ici qu'il écrivit certaines de ses œuvres les plus importantes : *Les Aventures de M. Pickwick*, *Nicolas Nickleby* et surtout *Oliver Twist*. Portraits, mobilier, effets personnels, manuscrits, les premiers exemplaires brochés de ses romans et les notes qu'il utilisait pour ses lectures publiques, tout est mis en scène dans les différentes pièces de la demeure.

King's Cross-St Pancras et Camden Town

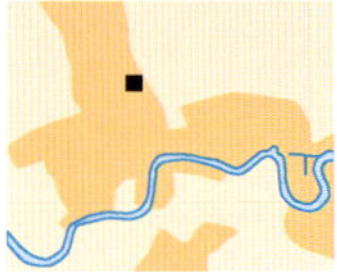

L'ouverture de la British Library, en 1998, au beau milieu d'un nœud ferroviaire – trois des six gares de la capitale s'y concentrent dans un rayon de 500 m ! – a marqué le coup d'envoi de la transformation d'une zone longtemps déshéritée et mal famée. Le quartier, qui accueille l'Eurostar à St Pancras International, est encore hérissé de grues... mais plus pour très longtemps. Les nouvelles constructions dédiées aux affaires, à la culture et à la nature seront bientôt toutes sorties de terre. Non loin de là, Camden Town et ses marchés continuent de surfer sur le « revival seventies » pour attirer les visiteurs, toujours aussi nombreux le week-end.

▶**Accès :** ⊖ Euston Square, King's Cross St Pancras, Camden Town.

Plan de Camden Town p. 94. Plan détachable D/E1-2.

▶**Conseil :** Pour en savoir plus sur la réhabilitation du quartier de King's Cross, profitez des visites guidées gratuites *(en anglais)* organisées par le King's Cross Visitor Centre *(11 Stable St. - ✆ 020 3479 1795 - www.kingscross.co.uk)*.

BRITISH LIBRARY★★

E1-2 *96 Euston Road - ⊖ Euston ou King's Cross-St Pancras - ✆ 019 37 546 060 - www.bl.uk - ♿ - lun.-jeu. 9h30-20h, vend. 9h30-18h, sam. 9h30-17h, dim. 11h-17h - fermé 1er janv. et 24-26 déc.*

Après de longs et coûteux travaux de construction, la nouvelle Bibliothèque nationale a ouvert ses portes en 1998 près de la gare de St Pancras. Les trois salles d'exposition de la galerie John Riblat abritent les **trésors de la Bibliothèque** (*Treasures of the British Library*) : trois millénaires d'écrits de tous les continents. Une technologie de pointe permet de tourner les pages d'une simple pression du doigt, et de feuilleter ainsi des manuscrits rares. Au nombre des documents d'intérêt historique, signalons des cartes anciennes, des copies de la **Grande Charte** (*Magna Carta*) extorquée en 1215 au roi Jean sans Terre par une légion de nobles, la dernière lettre de Nelson, un autographe de Shakespeare (1623).

WELLCOME COLLECTION

D2 *183 Euston Road - ⊖ Euston - ✆ 020 7611 2222 - www.wellcomecollection.org -*

♿ *- mar.-sam. 10h-18h (jeu. 22h), dim. 11h-18h - gratuit - audioguide.*
Installées dans un grand bâtiment lumineux, les collections insolites rassemblées par le pharmacien et entrepreneur **Henry Wellcome** (1853-1936) offrent un parcours passionnant à travers la médecine du monde entier.

ST PANCRAS STATION★

E1 *⊖ King's Cross-St Pancras.*
C'est sous les clochetons néogothiques de l'impressionnante gare de St Pancras (1864), chef-d'œuvre de l'architecture victorienne, que furent tournées les scènes de départ de **Harry Potter** pour Poudlard, bien que la série évoque la gare de King's Cross.

KING'S CROSS STATION

E1 *⊖ King's Cross-St Pancras.*
Si la grande horloge de la gare de King's Cross (1852) force toujours l'admiration, c'est aujourd'hui la structure métallique en hémicycle du **hall des départs**, conçue en 2012 par John McAslan + Partners, qui fait l'objet de toutes les attentions. Les amateurs de la saga *Harry Potter* se feront photographier devant le fameux **quai 9 3/4** avant d'aller faire un saut à la boutique adjacente.

AUTOUR DE GRANARY SQUARE

E1 *⊖ King's Cross-St Pancras.*
Cœur emblématique du nouveau quartier de King's Cross, cette vaste place piétonne s'étend derrière la gare, le long du Regent's Canal. Prisée de jour comme de nuit pour sa **fontaine** aux mille jets d'eau, elle est dominée par un ancien silo à grain, réhabilité pour accueillir l'**université des Arts**. Plusieurs cafés, restaurants et lieux culturels en vogue investissent peu à peu les anciennes friches industrielles environnantes.
À l'automne 2018, la galerie marchande **Coal Drops Yard** (*Stable St. - www.coaldropsyard.com*) sera inaugurée dans d'anciens entrepôts de charbon en brique datant du 19e s., superbement restaurés.

CAMDEN TOWN

D1 *⊖ Camden Town.*
Camden Town était le haut lieu du rock et de la pop britanniques dans les années 1990. Il abrite des îlots résidentiels aux grandes et élégantes maisons prisées des artistes, écrivains et acteurs. Aujourd'hui, on vient surtout à Camden Town pour ses **marchés aux puces**, l'ambiance et le spectacle détonant d'une foule bigarrée, à laquelle se mêlent punks aux crêtes colorées, jeunesse gothique et néobabas cool.
À l'angle de Camden High Street et de Buck Street, **Camden Market** rassemble près de 200 stands de vêtements (*streetwear*, jeans, tee-shirts, fripes, etc.), chaussures, bijoux, accessoires et camelotes diverses.
Passé le pont qui enjambe le canal, s'élèvent sur votre gauche les bâtiments en brique de **Camden Lock Market★★**, le premier et le plus réputé

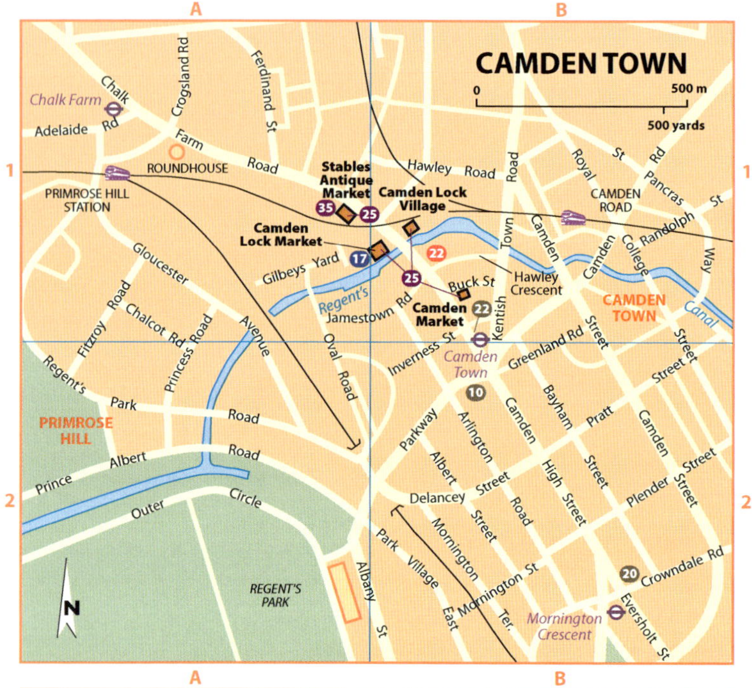

SE RESTAURER

Poppie's 22

PRENDRE UN VERRE

Lock 17 17

SHOPPING

Camden Markets 25

Cyberdog 35

SORTIR

Electric Ballroom 22

Jazz Café 10

Koko 20

des marchés de Camden. Aménagé sur les bords de Regent's Canal, c'est aussi le plus pittoresque, avec ses stands d'artisanat et de cuisine exotique.

De là, on poursuit par le **Stables Antique Market**, où les boutiques d'art, de fripes et quelques antiquaires occupent les écuries de l'ancien hôpital pour chevaux.

De l'autre côté de Chalk Farm Road, **Camden Lock Village**, autre marché généraliste, s'étire le long de l'ancien chemin de halage.

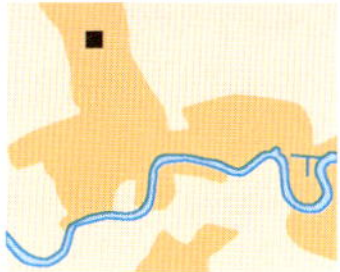

Hampstead★★ et Highgate★

Au sommet d'une colline, Hampstead charme avec son labyrinthe de ruelles et de passages, jalonnés de belles boutiques, de bars et de restaurants. Le lieu doit aussi sa renommée à son paysage boisé et vallonné, à sa lande préservée et à ses étangs fréquentés par les baigneurs à la belle saison. Au nord du parc, le village de Highgate affiche aussi beaucoup de caractère avec ses belles maisons, son cimetière et ses pubs typiques.

▶**Accès :** ⊖ Hampstead, Highgate, Archway. Hampstead se trouve au nord de Regent's Park, et Highgate légèrement au nord-est.

Plan des quartiers Rabat de couverture.

▶**Conseil :** Visitez Hampstead le matin, puis, si le temps le permet, traversez la lande pour rejoindre Highgate.

LE VILLAGE DE HAMPSTEAD★★

⊖ *Hampstead*. Dès le 18e s., les Londoniens aisés possédèrent une résidence champêtre à Hampstead. Le village attira aussi des artistes, comme John Constable, et des écrivains, tels Robert Louis Stevenson, D. H. Lawrence et **John Keats**, dont on peut visiter la maison *(10 Keats Grove - ✆ 020 7332 3868 - www.cityoflondon.gov.uk (rubrique « Things to do/Keats House ») - merc.-dim. 11h-17h - 6,50 £.*

Flask Walk, qui débute par une voie piétonne, passe par Gardnor House (1736), agrémentée à l'arrière d'une baie en rotonde sur toute sa hauteur, et se termine dans New End Square.

FENTON HOUSE★★

Hampstead Grove, NW3 6SP - ⊖ Hampstead - ✆ 020 7435 3471 - www.nationaltrust.org.uk -

SuperStock/age fotostock

Kenwood House.

♿ - mars-oct. : merc.-dim. et j. fériés 11h-17h, fermé le reste de l'année - 8 £. Une grille, dessinée par **Tijou** (1707), ouvre sur une maison de brique rouge (1693), la plus ancienne et la plus vaste de Hampstead. On y découvre notamment la magnifique collection Benton-Fletcher de **18 instruments à clavier**, réalisés entre 1540 et 1805, ainsi qu'un beau **jardin**.

HAMPSTEAD HEATH★★

⊖ Belsize Park, Hampstead ou Hampstead Heath (Oveground). C'est l'un des rares exemples de lande en milieu urbain. Le site est un lieu de promenade et de divertissement très populaire *(grandes foires le lun. de Pâques et pdt les vac. de printemps et d'été)*. Trois étangs et une piscine y sont ouverts à la baignade.

KENWOOD HOUSE ★★

Hampstead Lane, NW3 7JR - ⊖ Archway, Golders Green puis bus 210 - ☎ 020 8348 1286 - www.english-heritage.org.uk - ♿ - 10h-17h (oct.-mars 16h), parc 8h-coucher du soleil - fermé 1er janv., 24-26 et 31 déc. - gratuit - restaurant.
Tout blanc de stuc, le château règne sur une nature harmonieuse. Son élégante architecture inspirée de l'Antiquité reflète le style Adam. On remarquera la bibliothèque (**Adam Library★★**) conçue comme une pièce de réception, et la très belle collection de **peintures★★**. Dans la salle à manger : *Autoportrait âgé* de **Rembrandt**, *Homme à la canne* de **Frans Hals**, *Joueuse de guitare* de **Vermeer** ; dans le petit salon : marines de **Van de Velde** et un **Turner**. Sur le palier et dans la salle du petit-déjeuner, des toiles d'un caractère inhabituel chez Gainsborough (*La Charrette pour le marché, La Lutte de deux petits bergers avec chiens*). Au 1er étage, belle série de portraits de la **collection Suffolk**.

HIGHGATE★

⊖ Archway, Highgate.
Colline verdoyante au 16e s., Highgate attire dès le 17e s. de riches marchands qui y bâtissent des résidences d'été. En dehors des constructions modernes, le village, centré sur Pond Square et High Street, a su garder un air champêtre.

HIGHGATE CEMETERY★★

Swain's Lane, N6 6PJ - ⊖ Archway - ☎ 020 8340 1834 - highgatecemetery.org - cimetière est : 10h-17h (4 £) ; visite guidée le sam. à 14h (8 £) - cimetière ouest : visite guidée seult (1h) lun.-vend. 11h et 13h45, w.-end 11h-16h (12 £, incluant entrée au cimetière est).
Entouré de mystères, ce cimetière, en service depuis 1839, abrite quelque 53 000 sépultures de personnes inconnues et connues, tels la femme de lettres **George Eliot** (1819-1880) et **Karl Marx** (1818-1883), dont le buste énergique a été sculpté en 1956 par Laurence Bradshaw. La partie ouest contient quelques monuments funéraires remarquables, ainsi que les tombes de **Michael Faraday** (1791-1867) et du peintre **Dante Gabriel Rossetti** (1828-1882). C'est également ici, dans un secteur fermé aux visiteurs, que repose le chanteur **George Michael**, décédé en 2016.

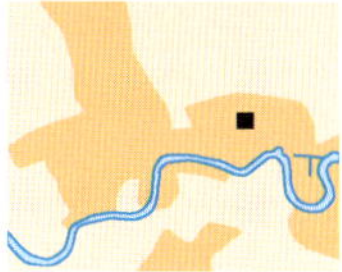

East End

Plus qu'à Notting Hill ou Camden, c'est là que vous découvrirez un Londres cosmopolite et authentique. Lorsque, au début des années 1990, des artistes désargentés flairèrent le filon de l'Est londonien, attirés par les vastes espaces à prix modérés, ils n'imaginaient pas que la rumeur d'un nouvel Eldorado se répandrait comme une traînée de poudre. Depuis, une multitude de galeries, bars, restaurants et clubs branchés ont fleuri. Malgré cela, l'East End, traditionnelle terre d'immigration, conserve une diversité culturelle bien vivante.

▶**Accès :** ⊖ Liverpool Street, Aldgate East, Shoreditch High Street (Overground), Old Street.

Plan de quartier p. 98-99. Plan détachable H1-2-3.

▶**Conseils :** Visitez le quartier le dimanche pour profiter des marchés. Commencez par le marché aux fleurs de Columbia Road (idéalement tôt le matin pour éviter la foule), descendez par le marché de Brick Lane, poursuivez par le Sunday Upmarket et terminez à Spitalfields Market.

SPITALFIELDS

H3 *⊖ Liverpool Street.*
Ancien quartier historique de l'industrie textile, Spitalfields marque aujourd'hui la frontière entre la City et l'East End, avec son grand marché couvert. Vivant et mixte, il regorge de galeries, de boutiques, de clubs underground et se colore d'œuvres de *street art*.

Old Spitalfields Market★

L'ancien marché a été fondé en 1862 mais, en 1991, le plus grand des dépôts de marchandises de Londres a été transféré à Leyton, et Spitalfields Market a mué en un lieu bigarré d'étals provisoires et de restaurants ethniques. Aujourd'hui, cette composante demeure sous une voûte victorienne (1892) dans

Bombaert / Stock

Brick Lane.

SHOREDITCH ADVENTURE PARK
HAGGERSTON PARK
Geffrye Museum
Hoxton
Columbia Road Flower Market
ASKE GDNS
HOXTON SQUARE
ST LEONARD
HOXTON
BOUNDARY GARDENS
Old Street
WESLEY'S CHAPEL AND LEYSIAN MISSION
SHOREDITCH
Shoreditch High Street
Holywell Lane
Norton Folgate
Dennis Severs' House
Old Truman's Brewery
Sunday Upmarket
SPITALFIELDS CITY FARM
BUNHILL FIELDS
LIVERPOOL STREET
Old Spitalfields Market
Fournier St
Great Mosque
CHRIST CHURCH
Artillery La.
Petticoat Lane Market
Moorgate
Liverpool Street
WHITECHAPEL BELL FOUNDRY
Whitechapel Gallery
THE CITY
GUILDHALL
BANK OF ENGLAND
ROYAL EXCHANGE
LLOYD'S BUILDING
THE GHERKIN
Aldgate
Bank
Arlington Ave.
Poole St
Bridport Pl.
Hyde Rd
Grange St
Pitfield St
Nuttall St
Laburnum St
Whiston Rd
Queensbridge Rd
Eagle Wharf Rd
Parr St
New North Rd
Rushton St
Wimbourne St
Cropley St
Mintern St
Ivy St
Hoxton St
Geffrye St
How's St
Appleby St
Thurtle Rd
Kent St
Cherbury St
Buckland St
Purcell St
Regan Way
Dunloe St
Weymouth Terrace
Yorkton St
Shepherdess Walk
Wenlock St
Wenlock Rd
Murray Grove
Provost St
Crondall St
Falkirk St
Cremer St
Hackney Rd
Horatio St
Ezra St
Ravenscroft St
Columbia Road
Quilter St
Barnet
Kingsland Rd
Bevenden St
Haberdasher St
Vestry St
Nile St
Westland Place
City Rd
Chart St
East Rd
Wellington
Gosset St
Lever St
Bath St
Peerless St
Brunswick Pl.
Old St
Virginia Rd
Swanfield St
Turin St
Radnor St
Rivington St
Curtain Rd
Shoreditch High St
Shacklewell St
Bartholomew Sq.
Leonard St
Great Eastern St
Club Row
Bethnal Green
Chilton St
St Matthew's Row
Featherstone St
Banner St
Bunhill Row
Whitecross St
Redchurch St
Sclater St
Brick Lane
Cheshire St
Dufferin St
Tabernacle St
Paul St
Luke St
Scrutton St
Worship St
Quaker St
Buxton St
Commercial St
Folgate St
Dray Walk
Woodseer St
Chiswell St
Finsbury Sq.
Wilson St
Clifton St
Appold St
Princelet St
Silk St
Ropemaker St
South Pl.
Sun St
Eldon St
Brushfield St
Crispin St
Chicksand St
Greatorex St
Fore St
Moor Lane
Finsbury Circus
Middlesex St
Bell La.
Fashion St
Old St
Wood St
London Wall
Basinghall Ave
Coleman St
Devonshire Sq.
Houndsditch
Old Castle St
Goulston St
Whitechapel
Adler St
Gresham St
Old Broad St
Bishopsgate
Bevis Marks
St Botolph St
St Mary Axe
Mitre St
Aldgate
Mansell St
Alie St
Leman St
Gower's Walk
Cheapside
Old Jewry
Princes St
Poultry
Threadneedle St
Cornhill
Leadenhall St

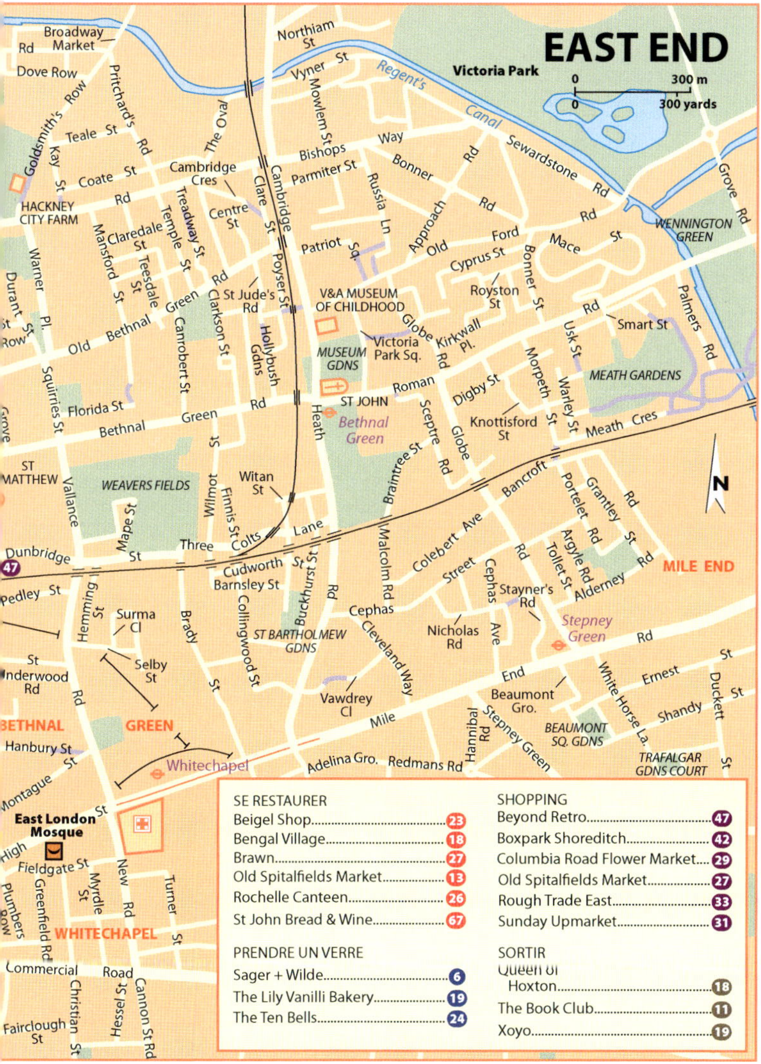

SE RESTAURER
- Beigel Shop.................... 23
- Bengal Village.................... 18
- Brawn.................... 27
- Old Spitalfields Market.................... 13
- Rochelle Canteen.................... 26
- St John Bread & Wine.................... 67

PRENDRE UN VERRE
- Sager + Wilde.................... 6
- The Lily Vanilli Bakery.................... 19
- The Ten Bells.................... 24

SHOPPING
- Beyond Retro.................... 47
- Boxpark Shoreditch.................... 42
- Columbia Road Flower Market.... 29
- Old Spitalfields Market.................... 27
- Rough Trade East.................... 33
- Sunday Upmarket.................... 31

SORTIR
- Queen of Hoxton.................... 18
- The Book Club.................... 11
- Xoyo.................... 19

la partie est, qui longe Commercial Street. En revanche, à l'ouest, côté City, une grande partie du marché a été détruite pour faire place à un projet de **Norman Foster** associant des immeubles de bureaux et une galerie commerciale.
« Nos adresses »/« Se restaurer » p. 126 et « Shopping » p. 141.

Artillery Lane

C'est l'une des rues les plus étroites et les plus anciennes du quartier. Une maison typique se trouve au n° 9 Artillery Passage.

Dennis Severs'House

18 Folgate St. - Liverpool Street ou Shoreditch High Street (Overground) - 020 7247 4013 - www.dennisseversh ouse.co.uk - visite guidée (45mn) : lun. 12h-14h, dim. 12h-16h (10 £) ; visite aux chandelles (45mn - sur réserv.) : lun., merc. et vend. 17h-21h (15 £).

Restaurée, ou plutôt mise en scène, la maison georgienne de **Dennis Severs**, artiste américain mort en 1999, raconte une histoire s'échelonnant du 18e au début du 20e s. Odeurs et ambiances sonores contribuent à l'immersion totale, encore accentuée lors de la visite aux chandelles.

Fournier Street

La rue comprend de belles maisons georgiennes (1718-1728), autrefois occupées par des soyeux.

BRICK LANE★

H3 *Shoreditch, Aldgate East ou Liverpool St.* Longue rue-quartier, Brick Lane accueille une importante communauté bangladaise. Artère attachante et animée le dimanche, il faut l'arpenter dans les deux sens : d'un côté se succèdent les magasins de tissus (témoins de la forte tradition textile), quincailliers, barbiers ; de

Le Cockney

Considéré comme le symbole, voire le synonyme du Londonien populaire, le Cockney est en théorie né dans un rayon de 3 miles autour de l'église de St Mary-le-Bow, à Cheapside. Dans la pratique, cette communauté englobe tous les habitants de l'East Side, notamment de la City, mais surtout des quartiers populaires : Spitalfields, Bethnal Green, Shoreditch, Whitechapel... La convivialité, le sens de la solidarité, de la camaraderie, du bon voisinage et de l'humour sont les principales caractéristiques qui leur sont généralement attribuées. Ajoutons à cela une gouaille sans pareille et des expressions colorées, le tout largement relayé par la série télévisée East Enders, diffusée depuis... 1985 !
Le Cockney manifeste son goût de la fête lors de la pittoresque célébration des Pearly Kings and Queens, quand ils défilent dans de somptueux costumes brodés de boutons de nacre. Les motifs riches et compliqués, entièrement réalisés à la main, ont une signification particulière et représentent les valeurs de la famille. Un costume compte des milliers de boutons et pèse plus de 30 kg. Chaque quartier élit son roi et sa reine (Pearly King et Pearly Queen). La coutume veut que les « pearlies » en costume défilent lors des grandes célébrations, notamment le Pearly Harvest Festival, en septembre.

l'autre, les restaurants tandooris.
L'histoire de la **mosquée**, qui fut d'abord une chapelle, puis une synagogue, reflète les différentes vagues d'immigration qui ont peuplé le quartier. Son minaret (2010) sert désormais de point de repère.
Le dimanche matin, un **marché aux puces** occupe les environs de Bethnal Green Road, de Sclater et Cheshire Street.

Old Truman's Brewery

Cette ancienne brasserie du 18e s. est reconnaissable à sa grande cheminée de brique frappée du nom de Truman. Ses bâtiments s'étendent de part et d'autre de Brick Lane et abritent désormais bars, boutiques, bureaux, ainsi que le **Sunday Upmarket** (*p. 142*). Dans la cour, d'impressionnantes installations, dont un Space Invader géant, rehaussent le décor industriel.

WHITECHAPEL

Whitechapel Gallery★

***H3** 77-82 Whitechapel High St. - Aldgate East - 020 7522 7888 - www.whitechapelgallery.org - - mar.-dim. 11h-18h (jeu. 21h) - gratuit, hormis la grande exposition annuelle - café, librairie.*
Inaugurée en 1901, dans le style Arts & Crafts, la galerie a accueilli les futurs maîtres de l'art moderne comme Picasso, Pollock, Rothko ou Frida Kahlo, ainsi que les artistes contemporains **David Hockney** et Gilbert & Georges alors qu'ils étaient inconnus.

SHOREDITCH ET HOXTON

***GH1-2** Old Street ou Hoxton (Overground).*
Populaires avant de devenir branchés, investis par les artistes et prisés des noctambules, les quartiers de Shoreditch et Hoxton s'embourgeoisent peu à peu pour laisser place à la mode du *made in bio* et aux enseignes bobos. Rivington Street, Redchurch Street ou Chance Street sont encore habillées de pochoirs, graffitis, stickers qui font le *street art*.

Victoria Miro Gallery

***G1** 16 Wharf Rd - Old Street - 020 7336 8109 - www.victoria-miro.com - mar.-sam. 10h-18h - jardins : avr.-oct. - fermé 1er janv., Vend. saint et 24-26 déc. - gratuit sf expositions temporaires - audioguide (3,50 £).*
Cachée dans une ancienne fabrique de meubles, cette galerie d'art contemporain expose sur près de 1000 m² des peintures ou des installations de grands artistes internationaux ainsi que les meilleurs talents de la nouvelle génération.

Geffrye Museum★

***H1** 136 Kingsland Rd - Old Street ou Hoxton (Overground) - 020 7739 9893 - www.geffrye-museum.org.uk - - en travaux jusqu'à début 2020.*
Ce musée illustre la vie quotidienne de la classe moyenne britannique du 16e au 20e s., à travers la reconstitution d'intérieurs. Outre le jardin aux herbes, d'autres parcelles ont également été aménagées suivant le modèle de différentes époques.

Les quartiers sud

Bénéficiant de la revitalisation de la rive sud de la Tamise, les anciens quartiers populaires de Brixton et de Peckham sont devenus, en quelques années, la coqueluche des jeunes Londoniens branchés. Dotés de parcs, de marchés et d'un vrai « esprit village », ils attirent de plus en plus de curieux, en quête d'un Londres différent. Forcément, les coffee-shops fleurissent, les restaurateurs tendance y ouvrent leurs établissements et on assiste à un véritable regain de vie culturelle et nocturne.

▶**Accès :** ⊖ Brixton, Peckham Rye (Overground).
Plan des quartiers Rabat de couverture.
▶**Conseils :** Brixton est à 15mn en métro (Victoria line) de St Pancras. Pratique pour une dernière visite avant de reprendre l'Eurostar.
Baladez-vous à Peckham plutôt le week-end pour une ambiance plus animée.

BRIXTON

Ancien ghetto noir, Brixton a beaucoup souffert d'une image ternie par la misère sociale et les violentes tensions raciales des années 1980. Depuis, le climat s'est apaisé et la gentrification de la dernière décennie (*p. 176*) a transformé ce berceau de la culture afro-caribéenne en un nouveau spot à la mode. Symbole d'un souffle nouveau, le quartier a même sa propre monnaie depuis 2009, le Brixton Pound, spécialement créé pour encourager le commerce de proximité et relancer l'économie.

Brixton Village & Market Row

8h-23h30 (lun. 18h) - brixtonmarket.net/brixton-village
Le dépaysement est au rendez-vous dès la sortie du métro. **Electric Avenue**, l'une des premières artères électrifiées de Londres, vous mènera vers le plus grand marché afro-caribéen d'Europe. Une étape incontournable pour prendre le pouls du quartier. Sous les grandes verrières de ces deux passages couverts, les étals débordent de fruits

Brixton et la musique : l'accord parfait

Bastion du reggae avec ses racines jamaïcaines, Brixton reste synonyme de musique pour les Londoniens. Le quartier est d'ailleurs connu pour compter l'une des scènes mythiques de la capitale, la ***Brixton O2 Academy*** *(www.academymusicgroup.com/o2academybrixton). Brixton a aussi vu naître* ***David Bowie*** *dont le mémorial coloré mérite le détour (464 Brixton Rd. à l'angle de Tunstall Rd). Cette magnifique fresque, que l'on doit à l'Australien Jimmy C., se situe non loin de l'ancienne maison de l'artiste. En raison de la forte affluence des fans, l'œuvre est maintenant protégée par un plexiglas pour éviter sa détérioration.*

exotiques, viandes, poissons mais également de tissus africains, bijoux artisanaux et autres objets de déco... De nombreux restaurants y proposent une cuisine cosmopolite plutôt bon marché. Non loin de là, sur Windrush Square, le **mémorial** dédié aux Afro-Caribéens qui ont combattu pendant les deux guerres ainsi que les **Black Cultural Archives** *(1 Windrush Square - blackculturalarchives.org)* sont bien la preuve que Brixton n'oublie pas son passé communautaire.

Brockwell Park

www.lambeth.gov.uk/places/brockwell-park.

Si vous avez envie de nature, à vous les 50 ha de pelouse de ce parc, qui offre une vue imprenable sur la City.

Brixton Windmill

Blenheim Gardens - www.brixtonwindmill.org - mars-oct. : visite guidée 2e w.-end du mois - gratuit.

Plus insolite, vers Brixton Hill, la visite d'un **moulin à vent**, le tout dernier de la capitale.

PECKHAM

Situé dans le *borough* de Southwark, voici un autre quartier qui a le vent en poupe auprès des jeunes *hipsters* londoniens, d'où son surnom de « nouveau Shoreditch ». Les prix n'ont pas encore flambé... mais ça ne saurait tarder !

Malgré son côté branché, Peckham a su conserver son âme. Avec ses 16 communautés différentes, originaires d'Asie ou d'Afrique, c'est l'un des quartiers les plus cosmopolites de Londres.

Rye Lane

Parmi les immanquables, Rye Lane, près de la station d'Overground, était considérée comme le « Oxford Street » du sud de Londres, au début du 19e s. C'est aujourd'hui une grande artère commerçante à l'atmosphère survoltée et populaire : *vibes* africaines, fruits exotiques et musique lui donnent des airs de carnaval permanent !

Au n° 133, l'ancien entrepôt du **Bussey Building** abrite un théâtre, une galerie d'art, des cafés, un disquaire et même un cinéma en plein air sur le toit *(www.clfartcafe.org)*.

Bellenden Road

Autre spot incontournable, cette rue parallèle à Rye Lane est plus connotée bohème-chic. Elle offre un vaste choix de boutiques de cadeaux, de magasins de déco et de cafés où le *latte* est roi, le tout dans une ambiance de petit village.

Peckham Library

122 Peckham Hill St.

Pour les amoureux de culture et d'architecture, cette nouvelle bibliothèque en forme de « L » inversé est devenue un emblème du quartier.

South London Gallery

65-67 Peckham Rd - www.southlondongallery.org - 11h-18h sf lun. - gratuit.

Ce musée d'art contemporain, ouvert depuis 1891, met à l'honneur les jeunes artistes britanniques. Une annexe doit ouvrir dans l'ancienne caserne de pompiers de Peckham Road en septembre 2018.

Docklands★

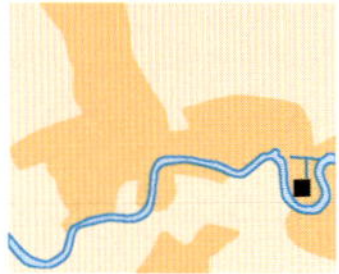

À l'endroit où la Tamise décrit une longue boucle, face à Greenwich, entre Tower Pier et le barrage de la Tamise, le paysage subit un changement radical. L'élément le plus brillant en est certainement Canary Wharf, qui éclipse les autres sites dignes d'intérêt. Il est recommandé d'y arriver par le train aérien : l'impression de pénétrer dans une ville futuriste révèle l'ampleur du réaménagement des docks, signe de l'extension continue de Londres vers l'est.

▶**Accès :** ⊖ Tower Hill, Canary Wharf, Canary Wharf (DLR), West Shadwell (DLR), West India Quay (DLR).

***Plan de quartier* p. 106-107. Hors plan détachable.**

▶**Conseil :** Visitez les Docklands de préférence en semaine, car le week-end, le quartier est plutôt désert.

ST KATHARINE'S DOCKS★

⊖ *Tower Hill.* Située à deux pas de la Tour de Londres (*p. 58*), cette agréable **marina** bordée de bureaux, de boutiques, de restaurants et d'appartements luxueux remplaça en 1968 les docks qui occupaient le site depuis 1828. Il ne reste rien de l'hospice St Katharine-by-the-Tower qui donna son nom au lieu. Fondé en 1148, il accueillait les réfugiés en provenance d'Europe, mais le terrain fut racheté en 1825 par la St Katharine Dock Company qui fit construire deux bassins et des entrepôts. Quelques terrasses permettent de profiter du cadre, très plaisant aux beaux jours.

MUSEUM OF LONDON DOCKLANDS★★

West India Quay - ⊖ West India Quay (DLR) - ✆ 020 7001 9844 - www.museumoflondon.org.uk/docklands - ♿ - 10h-18h (dernière entrée 17h40) - fermé 24-26 déc. - gratuit sf expositions- visite guidée (75mn), vérifier les horaires sur le site Internet.

La visite de ce passionnant musée, installé dans l'entrepôt n° 1, permet de comprendre l'importance de la Tamise dans le développement de Londres et l'histoire des Docklands.

Sur deux niveaux, il célèbre l'influence des activités portuaires sur la vie sociale et économique de la ville, de la période romaine à nos jours. On découvre ainsi le fonctionnement complexe des docks à la grande époque du commerce maritime. Des animations présentent le ballet des navires rentrant au port, dirigés, suivant leur provenance, vers des bassins spécifiques. L'exposition se penche sur la nature diverse des marchandises arrivées de toutes les régions du globe. Les Docklands, c'est aussi une population besogneuse d'ouvriers, de dockers, des familles aux conditions de vie difficiles et dont les revendications ont été à l'origine de nombreux conflits sociaux et grèves. La reconstitution d'un ensemble de ruelles sombres, avec leurs tavernes, boutiques, habitations misérables, aide à percevoir cette réalité.

ISLE OF DOGS★

West India Quay (DLR) ou Canary Wharf (DLR).

Cette langue de terre lovée dans un méandre de la Tamise tient ce nom d'« île aux Chiens » des chenils établis au 16e s. par le roi Henri VIII. Elle était alors couverte d'herbages marécageux, où pâturait le bétail. Au début du 19e s., la création des **docks des Indes occidentales** *(West India Docks)* allait très vite transformer le secteur. Un quartier populeux se développa autour des trois bassins aménagés au nord en 1802 et 1806, et de son quai principal, Canary Wharf. Après la fermeture des docks dans les années 1980, Isle of Dogs fit l'objet d'un projet d'aménagement visant à développer dans l'Est londonien une « annexe » de la City. Canary Wharf réhabilité, le succès ne se fit pas attendre.

CANARY WHARF★

Canary Wharf (DLR).

La renaissance de Canary Wharf, devenu en moins de deux décennies un quartier d'affaires de premier ordre, débuta en 1988 avec la construction de nouveaux gratte-ciel autour de Cabot Square, dont **One Canada Square** ou **Canary Wharf Tower** (235 m). Dessinée par l'architecte argentin César Pelli, cette tour-obélisque de 50 étages, habillée d'acier inoxydable reflétant la lumière, se dresse tel un phare. Entièrement financé par des fonds privés, Canary Wharf a attiré depuis sa création plusieurs firmes et banques prestigieuses, ainsi que des groupes de médias. Plus récemment, Canary Wharf a cherché à s'imposer comme un haut lieu du shopping avec la création de grands centres commerciaux, **Cabot Place** et **Jubilee Place**, regroupant plus de 200 boutiques.

THE O2

Peninsula Square - North Greenwich, Royal Victoria (DLR), puis téléphérique Emirates Air Line (www.emiratesairline.co.uk, AS 4,50 £). Accès possible par le Thames Clippers River Bus depuis le Coca-Cola London Eye - 020 8463 2000 - www.theo2.co.uk - ♿ - 9h-1h - gratuit, hors activités.

Situé sur la péninsule de Greenwich, sur la rive sud de la boucle de la Tamise, l'ancien dôme du Millénaire construit par **Richard Rogers** forme une vaste structure en toile de fibre de verre de 365 m de diamètre et 50 m de hauteur, soutenue par 12 mâts en acier, d'un volume égal à dix fois la cathédrale St-Paul. Il a été reconverti en un complexe de loisirs incluant boutiques, restaurants, bars, night-clubs, cinéma multiplexe, bowling et plusieurs salles de concerts, dont une de 20 000 places (O2 Arena).

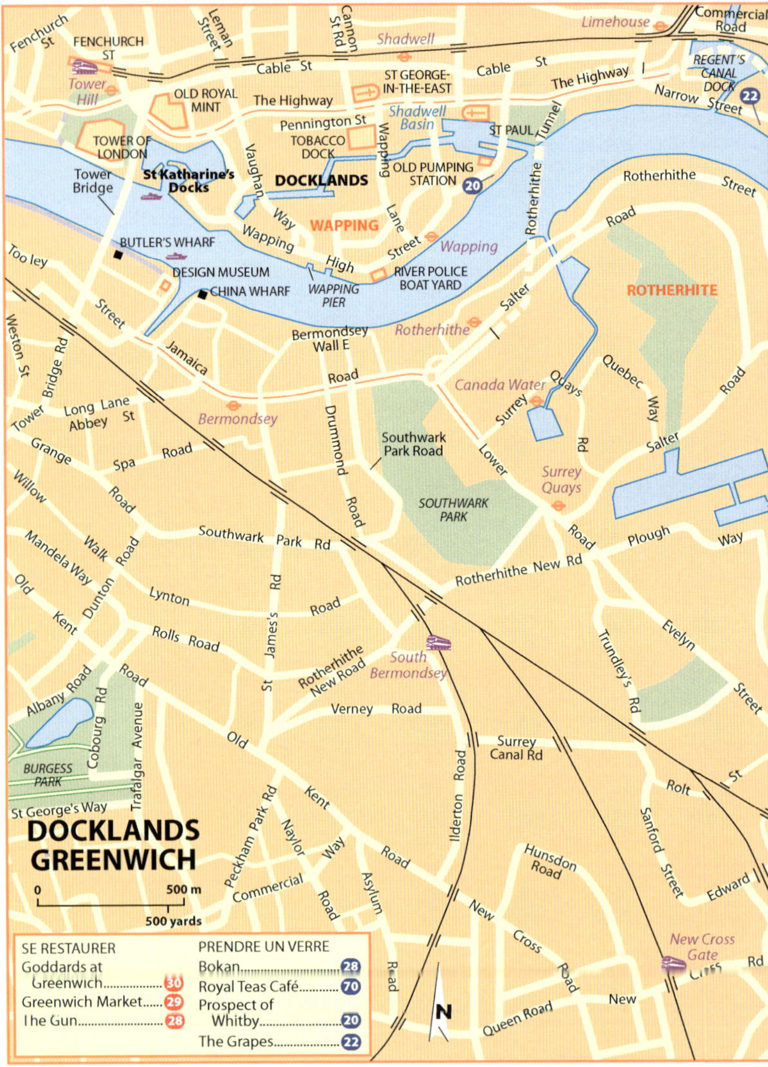
DOCKLANDS
GREENWICH
0
500 m
500 yards
N
SE RESTAURER
Goddards at Greenwich 30
Greenwich Market 29
The Gun 28
PRENDRE UN VERRE
Bokan 28
Royal Teas Café 70
Prospect of Whitby 20
The Grapes 22
Fenchurch St
FENCHURCH ST
Leman Street
Cannon St Rd
Shadwell
Limehouse
Commercial Road
Cable St
Tower Hill
OLD ROYAL MINT
The Highway
ST GEORGE-IN-THE-EAST
REGENT'S CANAL DOCK
Narrow Street
Pennington St
Shadwell Basin
TOWER OF LONDON
TOBACCO DOCK
Wapping Lane
ST PAUL
Tunnel
OLD PUMPING STATION
Tower Bridge
St Katharine's Docks
Vaughan Way
DOCKLANDS
WAPPING
Rotherhithe
Rotherhithe Street
Road
BUTLER'S WHARF
Wapping High Street
Wapping
Tooley Street
DESIGN MUSEUM
RIVER POLICE BOAT YARD
CHINA WHARF
WAPPING PIER
ROTHERHITE
Salter
Weston St
Bermondsey Wall E
Jamaica Road
Bridge Rd
Quebec Way
Canada Water
Surrey Quays
Tower
Long Lane
Abbey St
Bermondsey
Drummond Road
Southwark Park Road
Salter Road
Grange
Spa Road
Lower Road
Surrey Quays
Willow Walk
SOUTHWARK PARK
Southwark Park Rd
Plough Way
Mandela Way
Rotherhithe New Rd
Old Kent Road
Dunton Road
Lynton Road
St James's Rd
Evelyn Street
Rolls Road
South Bermondsey
Trundley's Rd
Rotherhithe New Road
Albany Road
Cobourg Rd
Trafalgar Avenue
Verney Road
Surrey Canal Rd
BURGESS PARK
Ilderton Road
Rolt St
St George's Way
Peckham Park Rd
Naylor Road
Commercial Way
Asylum Road
Sanford Street
Hunsdon Road
Edward
New Cross Road
New Cross Gate
Queen Road

ST ANNE
Upper N St
W India Dock Road
POPLAR
RICHARD GREEN'S STATUE
E India Dock Rd
FINANCIAL TIMES BUILDING
Silvertown Way
E India Dock Rd
DOCKMASTER'S HOUSE
Museum of London Docklands
Cotton St
BLACKWALL
Lower Lea Crossing
Way
EAST INDIA DOCKS
CANNON WORKSHOPS
Aspen
The New Blackwall Tunnel
Cabot Place
Canary Wharf Tower
NEW BILLINGSGATE MARKET
Rd
Blackwall
CANARY WHARF
WEST INDIA DOCKS
Canary Wharf
Preston's
Tunnel
The O2
Emirates Air Line
EMIRATES ROYAL DOCKS
JUBILEE PARK
Jubilee Place
28
N
Olympian
Marsh
Westferry
28
Wall
Blue Bridge
North Greenwich
EMIRATES GREENWICH PENINSULA
Marsh
Wall
ISLAND HISTORY TRUST
Meridian
Edmund Halley Way
East Parkside
Way
DOCKLANDS
Road
Manchester
Millennium
West
Isle of Dogs
Road
Blackwall Tunnel Southern Approach
Way
Parkside
MILLWALL DOCKS
E. Ferry
Road
Greenwich
Bugsby's Way
MUDCHUTE PARK & FARM
Spindrift Ave.
Olympian Way
Lane
MILLWALL PARK
Road
CHRIST CHURCH
Westferry
Tunnel Avenue
Thames
Manchester
Ballast Quay
Blackwall
Road
ISLAND GARDENS
21
Banning St
Grove St
Greenwich Footway Tunnel
Woolwich Rd
TRINITY HOSPITAL
Trafalgar Rd
GREENWICH PIER
Old Royal Naval College
Cutty Sark
DEPTFORD
CHAPEL
GREENWICH
PAINTED HALL
Humber Road
Creek
ST NICHOLAS
GREENWICH GATEWAY VISITOR CENTRE
Road
29
Queen's House
Hill
Coleraine Rd
St Alfege
30
National Maritime Museum
Maze
St
Deptford
Norman Rd
Greenwich DLR
Greenwich Market
Flamsteed House
Peter Harrison Planetarium
Vanbrugh
Deptford
Road
Crooms
The Avenue
Westcombe Park Rd
Fan Museum
High
Royal Observatory Greenwich
High
St
70
S
St
Greenwich
Hyde Vale
Hill
General Wolfe Rd
Blackheath Ave.
Greenwich Park
Way
New Cross Rd
Greenwich
Hill
Charlton
Lewisham Way
Brookmill Road
Blackheath
Hill
Ranger's House
Shooters Hill Road

Greenwich★★★

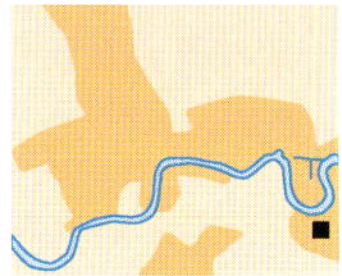

Le nom de ce quartier londonien, situé sur la rive sud de la Tamise, face aux Docklands, est connu dans le monde entier pour son méridien. Greenwich ne saurait pourtant se résumer à cette seule ligne imaginaire, ni même à l'observatoire où furent réalisées les premières recherches sur le calcul de la longitude. Cette ancienne résidence royale s'enorgueillit en effet d'un riche passé historique et d'une remarquable architecture qui lui vaut de figurer au Patrimoine mondial de l'Unesco. Son parc royal – le plus grand de Londres – et les berges du fleuve constituent par ailleurs d'agréables lieux de promenade pour échapper à la touffeur de la capitale en été.

▶**Accès :** ⊖ Cutty Sark (DLR). Greenwich se trouve sur la rive sud de la Tamise, en face d'Isle of Dogs. Un tunnel piétonnier (Greenwich Footway Tunnel) relie les deux quartiers. Accès en bateau, avec le River Bus Service (RB1 : www.tfl.gov.uk) au départ d'Embankment ou de Tower Bridge.

***Plan de quartier* p. 106-107. Hors plan détachable.**

▶**Conseil :** Évitez le week-end, particulièrement fréquenté.

GREENWICH MARKET

www.greenwichmarketlondon.com - 9h30-17h30.

À deux pas de la station de DLR Cutty Sark, ce charmant marché couvert contribue à l'ambiance « village » de Greenwich. Installé depuis 1700, il rassemble de jolies boutiques, quelques cafés et accueille des stands d'artisanat, d'alimentation et de brocante *(mar., jeu. et vend.)*. Pour une agréable flânerie ou un déjeuner sur le pouce *(« Nos adresses »/« Se restaurer » p. 128)*.

CUTTY SARK★★

King William Walk - ✆ 020 8858 4422 - www.rmg.co.uk - ♿ - 10h-17h (dernière entrée 16h15) - fermé 24-26 déc. - 13,50 £; possibilité de billet combiné avec d'autres attractions comme le Royal Observatory - demander la brochure en français à la caisse.

Sorti en 1869 des chantiers navals de Dumbarton en Écosse, ce majestueux trois-mâts était destiné à l'importation du thé de Chine. Il devint rapidement célèbre en raison de sa rapidité : sa meilleure course en une journée, ses 10 000 m² de voiles entièrement déployées, fut de 580 km. Après l'ouverture du canal de Suez, concurrencé par les bateaux à vapeur, le *Cutty Sark* assura le transport de laine d'Australie. Il fallait compter 70 jours à l'aller et 80 au retour à pleine charge (5 000 balles de laine) pour accomplir le périlleux voyage comprenant le franchissement du cap Horn. Vendu à une compagnie

R. Harding/hemis.fr

Old Royal Naval College.

portugaise en 1895, le navire revint en Angleterre en 1922 et fut converti en navire-école avant d'être transféré à Greenwich en 1954, mis en cale sèche et transformé en musée nautique. Gravement endommagé par un incendie en 2007, il a été restauré et rouvert au public en 2012.

OLD ROYAL NAVAL COLLEGE★★

King William Walk - ✆ 020 8269 4747 - www.ornc.org - 8h-23h ; Painted Hall et chapelle : 10h-17h ; vérifiez le calendrier sur le site Internet, car l'endroit est régulièrement fermé au public en raison d'événements privés - fermé 24-26 déc. - gratuit - possibilité de visite guidée (rens. au Visitor Centre).

Le collège héberge le campus de l'université de Greenwich. Le pavillon du roi Charles est occupé par le Trinity College de musique et les bâtiments qui donnent sur la Tamise abritent une école navale.

NATIONAL MARITIME MUSEUM★★

Romney Rd - ✆ 020 8312 6565 - www.rmg.co.uk - ♿ - 10h-17h (dernière entrée 16h30) - fermé 24-26 déc. - gratuit (sf expositions temporaires).

Les collections du musée de la Marine nationale illustrent l'histoire navale de la Grande-Bretagne. L'accent est mis en particulier sur le développement commercial avec le commerce triangulaire et la Compagnie des Indes orientales, mais aussi sur la figure de l'amiral Nelson. L'attention du visiteur est également attirée sur les conséquences du progrès moderne sur la vie marine. Beaucoup d'activités sont destinées aux enfants qui s'en donnent à cœur joie.

QUEEN'S HOUSE★★

☏ 020 8858 4422 - www.rmg.co.uk - 10h-17h (dernière entrée 16h30) - fermé 24-26 déc. - gratuit (sf expositions temporaires)- visite guidée (1h) 10 £.
L'élégante villa, qui accueille des expositions temporaires, se distingue par sa couleur blanche, son bel escalier en fer à cheval descendant de la terrasse sur la façade nord et sa loggia sur le côté sud, face au parc.

ST ALFEGE

Greenwich Church St. - ☏ 020 8853 0687 - st-alfege.org - lun.-vend. 11h-16h, sam. 10h-16h, dim. 12h-16h - brochure, programme de concerts.
L'église primitive érigée à l'emplacement du martyre d'Alphège, archevêque de Canterbury tué par les Danois en 1012, vit se dérouler le baptême d'**Henri VIII**.

FAN MUSEUM★

12 Crooms Hill - ☏ 020 8305 1441 - www.thefanmuseum.org.uk - ♿ - mar.-sam. 11h-17h, dim. 12h-17h - atelier de fabrication d'éventails (3h) sur RV : 1er sam. du mois à 14h (25 £) - fermé 1er janv. et 24-26 déc. - 5 £ - audioguide - brochure.
Ce magnifique musée possède quelque 2 000 **éventails**. Des expositions permanentes explorent le sujet : méthodes et matériaux de fabrication, types, origines. Des expositions temporaires sont organisées selon les thèmes d'inspiration de leur décoration.

GREENWICH PARK

Entouré d'une palissade en 1433 et clos d'un mur sous les Stuarts, le parc est le plus ancien domaine royal clôturé. Sur près de 90 ha, ses avenues de châtaigniers et ses vastes pelouses s'élèvent vers une colline culminant à 52 m au-dessus de la Tamise et couronnée par l'ancien Observatoire royal et le monument du général Wolfe. On y profite d'une très belle **vue** sur Londres.

ROYAL OBSERVATORY GREENWICH★★

Blackheath Ave. - ☏ 020 8858 4422 - www.rmg.co.uk - ♿ - 10h-17h (dernière entrée 16h30) - fermé 24-26 déc. - centre astronomique : gratuit ; cour du méridien et Flamsteed House : 10 £ ; planétarium : 7,50 £ ; billet combiné : 12,50 £ ; poss. également de billet combiné avec le Cutty Sark *- brochure.*
En 1675, Charles II demanda à **Christopher Wren** de *« construire un petit observatoire dans notre parc de Greenwich afin de trouver la longitude des lieux pour perfectionner la navigation et l'astronomie »*. Wren, ancien astronome, construisit une

maison de brique rouge, surmontée d'une balustrade et de petits dômes à pans *« pour servir d'habitation à l'astronome et ajouter une certaine pompe »*. Au sommet de l'un d'eux, une boule rouge mise en place en 1833 glisse brusquement le long d'un mât à 13 heures précises (temps GMT), permettant ainsi aux navigateurs sur la Tamise de régler leur montre.

La visite commence dans la cour du Méridien, où le **méridien de Greenwich**, de longitude zéro, est matérialisé par un rail de cuivre.

On découvre ensuite **Flamsteed House**, la maison de l'astronome royal John Flamsteed, dont elle reçut le nom. L'**Octagon Room**, haute de plafond et joliment proportionnée, a été restaurée et réaménagée dans son état d'origine. Une autre présentation retrace, grâce aux outils multimédias interactifs les plus récents, l'histoire du calcul de la latitude et de la longitude.

Peter Harrison Planetarium – *Horaires variables en fonction des projections - certaines séances sont interdites aux -5 ans (consultez le site Internet).* Construit en forme de cône, il comprend 250 plaques de bronze soudées puis polies pour donner l'impression de n'en former qu'une. Le côté nord du cône est aligné sur le point perpendiculaire à l'horizon perçu depuis Greenwich (le zénith). Le côté sud pointe vers l'étoile du Nord. L'angle de la pente (51° 28' 44") est égal à la latitude du Royal Observatory. Enfin, le planétarium est aligné sur le méridien de Greenwich. La partie supérieure est recouverte de verre réfléchissant pour apercevoir les changements du ciel et de l'espace. À l'intérieur, le projecteur numérique laser permet d'emmener les visiteurs dans l'espace, d'observer la Terre et d'inclure dans les séances des images de dernière minute envoyées par les sondes spatiales.

RANGER'S HOUSE★

Chesterfield Walk, Greenwich Park - ✆ 020 8853 0035 - www.english-heritage.org.uk - ♿ - visite guidée seult (1h30, 25 pers. maxi) - avr.-juin. : dim.-merc. 11h et 14h ; juil.-sept. : dim.-merc. 11h-17h - fermé le reste de l'année - 9 £.

Cette demeure était à l'origine une petite villa de brique. Des ailes arrondies furent ajoutées par Philip Stanhope, 4e comte de Chesterfield (1694-1773), politicien, diplomate et homme d'esprit.

La galerie sud fut alors réalisée. Longue de 25 m, elle est ornée d'un plafond compartimenté et éclairée par trois bow-windows dont le propriétaire, satisfait, disait : *« Toutes trois différentes, et les meilleures perspectives du monde. »* Les jardins ont conservé toute leur beauté.

Les salles lambrissées du rez-de-chaussée et du premier étage abritent la magnifique **collection Wernher** d'art européen, qui reflète le goût éclectique de **Sir Julius Wernher** (1850-1912), philanthrope et magnat de l'industrie minière.

Cette collection réunit quelques rares peintures religieuses de Filippo Lippi et des toiles de maîtres hollandais (Van Ostade, de Hooch), ainsi que des bijoux et bronzes Renaissance.

Escapades aux environs★★

Voici quelques idées d'excursions d'une journée, aisément accessibles du centre de Londres et idéales pour se mettre au vert par beau temps. S'il pleut, on peut toujours opter pour la visite des studios de tournage de Harry Potter. Alors, avis aux apprentis sorciers : rendez-vous quai 9¾ !

▶**Conseil :** Pour plus de détails, reportez-vous au Guide Vert MICHELIN *Londres*.

RICHMOND★★

⊖ Richmond. La ville se trouve au sud-ouest de Londres, entre l'A3 et la M3. Accès en bateau avec Thames River Boats (www.wpsa.co.uk - avr.-oct.).

Située en bordure de la Tamise, Richmond jouit d'une atmosphère champêtre grâce à ses parcs verdoyants et ses terrains de golf. La petite ville est très fréquentée pour ses pubs historiques, ses restaurants agréables, ses antiquaires, ses boutiques chic. **Richmond Palace**, l'une des résidences préférées des Tudors, et d'autres belles demeures y rappellent un passé aristocratique.

À ne pas manquer : Richmond Park avec son panorama et ses cerfs en liberté, ainsi qu'une promenade sur les berges de la Tamise.

STUDIOS WARNER BROS. - LES COULISSES DE HARRY POTTER★★

Leavesden, à 32 km au nord-ouest Londres, est accessible par l'A41 et l'A405. En train : comptez 20mn depuis Euston Station (arrêt Watford Junction), puis 15mn de bus. En bus : navettes (1h15) au départ de la gare Victoria ou de Baker Street.

Dans les anciens hangars de l'usine Rolls-Royce, sur l'aérodrome de Leavesden, les studios Warner Bros. accueillent les fans de Harry Potter dans un espace de 14 000 m². C'est ici que Daniel Radcliffe (Harry), Rupert Grint (Ron) et Emma Watson (Hermione) ont tourné pendant 10 ans les huit films adaptés de la saga littéraire consacrée au petit sorcier.

☎ 0845 084 0900 - www.wbstudiotour.co.uk - 41 £ (enf. 33 £).

À ne pas manquer : la maquette de Poudlard dans la Model Room.

KEW GARDENS★★★

⊖ Kew Gardens. Au sud-ouest de Londres, par les routes A4 et A315. En bateau : avec Thames River Boats (www.wpsa.co.uk - avr.-oct.).

La Tamise décrit une longue boucle autour de Kew, zone résidentielle à l'atmosphère villageoise. Par beau temps, il est délicieux d'arpenter les jardins botaniques royaux, bordés au

nord par le fleuve, pour découvrir des espèces rares, de grandes serres et de jolis vallons. Une passerelle permet, à 20 m du sol, de découvrir une partie du jardin depuis un autre point de vue et d'observer de plus près les oiseaux.
☏ 020 8332 5655 - www.kew.org - 17 £ (enf. 4 £).

À ne pas manquer : Kew Palace; la serre aux palmiers; le jardin de bambous; la vue sur Londres du sommet de la pagode.

HAMPTON COURT★★★

À 23 km au sud-ouest de Londres, croisement A308 et A309. En train : 30mn depuis Waterloo Station (arrêt Hampton Court). En bateau : depuis Westminster ou Richmond (avr.-sept.) avec Thames River Boats (www.wpsa.co.uk) ou Turks (www.turks.co.uk).
Situé dans un cadre romantique, au bord de la Tamise, le **palais royal** préféré d'Henri VIII a été un lieu de retraite idéal pour beaucoup de souverains. Ces glorieux édifices qui illustrent toutes sortes de styles, ainsi que les jardins, témoignent du pouvoir royal et de sa richesse.
☏ 0844 482 7777 - www.hrp.org.uk - 22,70 £ (enf. 11,35 £, t. réduits en ligne).

À ne pas manquer : les cuisines; les grands appartements; le labyrinthe.

WINDSOR CASTLE★★★

À 36 km à l'ouest de Londres par la M4 (sortie jonction 6). En train : 50mn depuis Waterloo Station (arrêt Windsor Central); le château est à moins de 15mn à pied de la gare. En bus : depuis Victoria Station, bus n° 701 ou 702 de Green Line Bus (www.greenline.co.uk).

L.-M. Preau/hemis.fr

Cerf dans le parc de Richmond.

Perchées sur une falaise escarpée, au milieu d'un beau parc, les tourelles du **château** de Windsor surplombent une petite ville charmante nichée dans la vallée de la Tamise. Windsor illustre de façon passionnante la transformation d'un château médiéval en une somptueuse demeure royale. Son caractère monarchique donne à la ville beaucoup de cachet. De l'autre côté du pont s'élèvent les édifices d'**Eton College** *(www.etoncollege.com)*, également dignes d'intérêt.
☏ 0303 123 7334 - www.royalcollection.org.uk - 21,20 £ (enf. 12,30 £).

À ne pas manquer : les appartements d'apparat; la chapelle St-Georges.

WILD
CERY

Nos adresses

Neal's Yard, Covent Garden.
imageBROKER/hemis.fr

Se restaurer

À l'heure du **déjeuner**, snacks, bars à nouilles et chaînes franchisées permettent de manger sur le pouce et à moindre coût, tout comme les cafés ou pubs (sandwichs, bagels, soupes, *pies, jacked potatoes*, etc.). Pensez également à explorer les étals de cuisine et les *food trucks* qui envahissent les marchés ainsi que le rayon frais des grandes enseignes, comme Marks & Spencer, Waitrose, Sainsbury's ou Tesco, très honorablement pourvus en sandwichs. Et ne négligez pas les cafés et restaurants des musées qui proposent dans l'ensemble une restauration très correcte. Pour le **dîner**, faites-vous plaisir. Londres est devenue une étape gastronomique et, dans les restaurants livrés à la créativité des designers, passer à table est souvent une expérience multisensorielle. C'est également l'occasion de tester des cuisines venues du monde entier. Les fourchettes de prix mentionnées ci-après, relevées lors de la rédaction du guide, correspondent à un repas complet hors boisson.

« Restauration » p. 158 et « La table londonienne » p. 185.

Repérez les adresses sur nos plans grâce aux pastilles numérotées (ex. 1). Les coordonnées en rouge (ex. C2) font référence au plan détachable.

WESTMINSTER ET VICTORIA

Moins de 15 £

73 **Kazan** – ***D6*** - *93-94 Wilton Rd - SW1V 1DW - ⊖ Victoria - ✆ 020 7233 7100 - www.kazan-restaurant.com - lun.-vend. 12h-15h, 17h30-22h15, sam. 12h-22h15, dim. 12h-21h15 - à la carte 15/30 £.* Direction Istanbul, avec des menus à composer à partir d'une liste de mezzés froids ou chauds. Jolie palette de saveurs orientales à déguster dans un cadre plutôt tendance et agréable salon oriental pour prendre un thé dans l'après midi.

TRAFALGAR SQUARE

Plan de quartier p. 17

À partir de 25 £

74 **Terroirs** – ***E4*** - *5 William IV St. - WC2N 4DN - ⊖ Charing Cross - ✆ 020 7036 0660 - www.terroirswinebar.com - 12h-23h sf dim. - formule déj. 10 £, verre de vin compris - à la carte 26/72 £.* Cuisine française savoureuse avec quelques influences italiennes et espagnoles. Carte des vins soigneusement élaborée. Possibilité de manger dans le bistrot animé du rdc ou dans la cave pour une ambiance plus intime.

ST JAMES'S

Plan de quartier p. 25

Moins de 15 £

1 **St James's Café** - ***D5*** - *St James's Park - SW1A 2BJ - Horse Guards Rd - ⊖ Charing Cross ou Westminster - ✆ 020 7839 1149 - www.benugo.com - ♿ - 8h-17h, dim. 9h-17h - moins de 15 £.* En plein cœur de St James's Park, une halte au vert,

idéale notamment à l'heure du petit-déjeuner, juste avant d'aller admirer la relève de la garde à Buckingham ou à Horse Guards. Full English breakfast, toasts sucrés ou salés, auxquels succèdent à midi des plats de bonne facture, préparés avec des produits de saison. Terrasse sur le toit au beaux jours.

De 20 à 60 £

15 **Yoshino** - **D4** – *3 Piccadilly Pl. - W1J 0DB - ⊖ Piccadilly Circus - ✆ 020 7287 6622 - http://rest.yoshino.net - 12h-23h - fermé dim. et 25 déc. - à la carte 25/55 £.* À deux pas de l'agitation de Piccadilly, le cadre minimaliste de ce restaurant japonais apaise. La lunchbox, accompagnée d'un thé macha, est parfaite pour un déjeuner vitaminé.

Plus de 35 £

63 **Gymkhana** – **D4** – *42 Albemarle St. - W1S 4JH - ⊖ Green Park - ✆ 020 3011 5900 - http://gymkhanalondon.com - 12h-14h30, 17h30-22h15 - fermé dim. - à la carte 36,50/73,50 £.* Du percolateur en cuivre aux ventilateurs, en passant par les boiseries et les couverts ciselés, tout respire l'atmosphère feutrée d'un club de gentlemen des anciennes colonies. Cuisine indienne mâtinée d'influences européennes, à base de produits du terroir, notamment le gibier. Le biryani de cerf confit au safran et à la cardamome est un pur délice!

MAYFAIR ET PICCADILLY

Plan de quartier p. 28-29

Moins de 15 £

32 **Tibits** – **D4** - *12-14 Heddon St. - W1B 4DA - ⊖ Piccadilly Circus - ✆ 020 7758 4112 - www.tibits.ch - ♿ - 9h-22h30, jeu.-vend. 9h-0h, sam. 11h30-0h, dim. et j. fériés 11h30-22h30 - fermé 25 déc. - moins de 15 £.* Dans un passage en retrait de Regent Street, où se succèdent bars et restaurants. Une formule à succès : on se sert au buffet végétarien et on paie au poids, à prix modérés. En été, terrasse avec de grandes tables communes.

À partir de 30 £

57 **Scott's** - **C4** – *20 Mount St. - W1K 2HE - ⊖ Bond Street - ✆ 020 7495 7309 - www.scotts-restaurant.com - 12h-22h30 (dim. 22h) - à la carte 39/87 £.* Si vous aimez le poisson et les fruits de mer, c'est là qu'il faut aller. Le décor, la nourriture, le service, tout est raffiné et sans fausse note. Bonne carte des vins.

70 **L'Autre** – **C5** *5B Shepherd St. - W1J 7HP - ⊖ Greenpark - ✆ 020 7499 4680 - 12h-0h (dim. 23h) - à la carte 30/45 £.* Si vous ne savez pas choisir entre goulash et guacamole, ce petit restaurant est fait pour vous. Il est le seul au monde à proposer sur une même carte des spécialités polonaises et mexicaines. Très bonne cuisine. Décor kitsch et cosy. Pensez à réserver.

SOHO

Plan de quartier p. 28-29

Moins de 15 £

62 **Golden Union** – **D3** - *38 Poland St. - W1F 7LY - ⊖ Oxford Circus - ✆ 020 7434 1933 - www.goldenunion.co.uk - ♿ - 11h30-22h - à la carte 10,50/23 £.* Une valeur sûre du

fish & chips, à consommer sur place ou à emporter. Portions généreuses, poisson frais, frites croustillantes sans être grasses et bonne ambiance.

68 **Haozhan** – ***D4*** *- 8 Gerrard St. - W1D 5PJ - ⊖ Leicester Square - ✆ 020 7434 3838 - www.haozhan.co.uk - 12h-23h30 - menu 14 £, à la carte 15/45 £.* Cuisine fusion essentiellement cantonaise mais qui ne se prive pas d'autres influences asiatiques. Des spécialités comme le canard rôti, les dim. sum et les crevettes au wasabi viennent redorer le blason de Chinatown, peu réputée pour sa gastronomie.

De 15 à 40 £

41 **Princi** – ***D4*** *- 135 Wardour St. - W1F 0UT - ⊖ Tottenham Court Road - ✆ 020 7478 8888 - www.princi.com - 8h-0h, dim. 8h30-22h - à la carte 16,50/31 £.* À gauche, un restaurant ; à droite, une cantine pour les plus pressés. Très bon choix de pizzas fondantes à la coupe et de pâtisseries italiennes traditionnelles.

2 **BAO** – ***D4*** *- 53 Lexington St. - W1F 9AS - ⊖ Oxford Circus ou Piccadily Circus - http://baolondon.com - 12h-22h (jeu.-sam. 22h30, dim. 17h) - à la carte 17,5/25 £.* Découvrez sans tarder le burger revisité à la thaïlandaise ! Ce petit délice se compose d'un pain vapeur (bao), garni de porc braisé, de coriandre et de poudre de cacahuètes, mais se décline aussi au poulet et à l'agneau. Servi en petite portion, il est d'usage de l'accompagner de 3-4 autres plats, d'un lait de cacahuète ou d'un thé fumé. Attention, l'endroit est très couru et il n'est pas rare de devoir faire la queue sur le trottoir. Arrivez un peu avant l'ouverture ou évitez les heures chaudes du midi. Autre adresse à Fitzrovia, au 31 Windmill St.

3 **Corazón Taqueria** – ***D3*** *- 29 Poland St. - W1F 8QR - ⊖ Oxford Circus - ✆ 020 3813 1430 - www.corazonlondon.co.uk - 12h-23h, lun. 12h-14h30, 17h30-21h30, sam. 11h-23h, dim. 11h-16h - à la carte 17,50/27 £.* Tacos délicieusement créatifs, guacamole à se damner et jolie déco rétro : une escale tranquille à Mexico, également idéale pour un brunch.

64 **Koya Bar** – ***D4*** *- 50 Frith St. - W1D 4SG - ⊖ Leicester Square ou Tottenham Court Road - www.koya.co.uk - 8h30-22h30, jeu.-vend. 8h30-23h, sam. 9h30-23h, dim. 9h30-22h - fermé 1er janv. et 25 déc. - à la carte 20/34,50 £.* Au cœur de l'agitation de Soho, une ambiance zen baigne ce sobre petit bar à udon. Ces grosses nouilles japonaises au froment se consomment en bouillon, froides ou chaudes, avec une vingtaine d'accompagnements. Parfait pour un déjeuner sain et rapide.

44 **Barrafina** – ***D4*** *- 26-27 Dean St. - W1D 3LL - ⊖ Tottenham Court Road - ✆ 020 7813 8016 - www.barrafina.co.uk - 12h-23h (dim. 22h) - à la carte 20/35 £.* Une version moderne du bar à tapas espagnol dont le succès ne se dément pas. Vous y grignoterez des petits plats préparés sous vos yeux, le long d'un plaisant comptoir. Arrivez tôt : l'endroit, vite bondé, n'accepte pas les réservations. Deux annexes à Covent Garden, au 10 Adelaide Street et au 43 Drury Lane.

11 **10 Greek Street** – ***D4*** *- 10 Greek St. - W1D 4 DH - ⊖ Tottenham Court Road - ✆ 020 7734 4677 - www.10greekstreet.com - 12h-14h30, 17h30-22h15,*

merc.-sam. 12h-14h30, 17h30-22h45, dim. 12h-21h - fermé 24-26 déc. - à la carte 24/43 £. Ce bistrot de quartier n'a pas seulement conquis les habitants du coin : son excellent rapport qualité-prix fait que l'on y vient de loin. Le menu change tous les jours et propose un beau choix de recettes, follement bien ficelées.

De 25 à 60 £

4 **Ceviche Soho** – ***D4*** *- 17 Frith St. - W1D 4RG - ⊖ Leicester Square ou Tottenham Court Road - ✆ 020 7292 2040 - www.cevicheuk.com - 12h-23h30 (dim. 22h15) - fermé 25-26 déc. - à la carte 19,50/38,50 £.* Vous n'avez jamais mangé péruvien? C'est le moment! Délicieux choix de ceviche (poisson cru mariné et épicé), mais aussi savoureux poissons et viandes grillés, gâteau de maïs (*pastel de choclo*), etc., à déguster en sirotant un pisco, LE cocktail péruvien. Pour un début de soirée parfait dans Soho.

53 **Yauatcha Soho** - ***D4*** *– 15-17 Broadwick St. - W1F 0DL - ⊖ Piccadilly Circus - ✆ 020 7494 8888 - www.yauatcha.com/soho - 12h-22h (vend.-sam. 22h30) - fermé 25 déc. - à la carte 31/63 £.* Un restaurant chinois branché à Soho, dans un décor théâtral (aquarium lumineux, murs de pierre) signé Christian Liaigre. Spécialité de dim. sum et autres petits plats parfumés. Pâtisseries à se damner.

COVENT GARDEN

Plan de quartier p. 36

Moins de 15 £

5 **Abeno Too** – ***E4*** *- 17-18 Great Newport St. - WC2H 7JE - ⊖ Leicester Square ou Covent Garden - ✆ 020 7379 1160 - www.abeno.co.uk - 12h-22h30 (dim.-lun. 22h, vend.-sam. 23h) - formule déj. 12,50/14 £ - à la carte 24/66 £.* La spécialité de cette petite cantine japonaise sans prétention est l'okonomiyaki, une galette de choux garnie de viande, de poisson ou en version végétarienne, cuisinée directement sur la plaque chauffante de votre table.

De 35 à 70 £

48 **Rules** – ***E4*** *- 35 Maiden Lane - WC2E 7LB - ⊖ Covent Garden - ✆ 020 7836 5314 - http://rules.co.uk - 12h-0h (dim. 23h) - fermé 25-26 déc. - à la carte 36/69 £.* Joue de porc, sarcelle, sole meunière, gibier et lapin sont au menu du plus ancien des restaurants réputés de Londres. Un lieu chargé d'histoire. Réservation fortement conseillée.

THE STRAND

Plan de quartier p. 36

Moins de 20 £

65 **Flat Iron** – ***E4*** - *17-18 Henrietta St. - WC2E 8QH - ⊖ Leicester Square - ✆ 020 3019 4212 - www.flatironsteak.co.uk - 12-0h (dim. 23h30) - env. 20 £.* Si le choix de ce restaurant à la déco onirique est limité, c'est que la spécialité – une planche de grillades de bœuf extrêmement tendre – se suffit à elle-même. Les accompagnements sont simples mais goutus et les cocktails réussis. Glace gratuite après l'addition. Deux adresses à Soho également.

THE CITY

Plan de quartier p. 50-51

De 15 à 30 £

6 **City Càphê** – **G3** – *17 Ironmonger Lane - EC2V 8EY - ⊖ Bank - www.citycaphe.com - 11h30-16h30 - fermé w.-end - à la carte 16/24 £.* Un petit établissement vietnamien qui fait l'unanimité auprès des travailleurs de la City, comme en témoigne la file d'attente qui se forme sur le trottoir chaque midi. Au menu : sandwichs banh mi, soupes pho, nems, salades, etc. Moins de monde à partir de 13h30.

7 **Café Below** – **G4** – *St Mary-le-Bow Church, Cheapside - EC2V 6AU - ⊖ Bank, Mansion House ou St Paul's - ✆ 020 7329 0789 - www.cafebelow.co.uk - 7h30-14h30 - fermé w.-end - à la carte 17,50/27 £.* Sous les chapiteaux romans de la crypte de l'église St Mary-le-Bow, un restaurant avec cuisine ouverte, apprécié des locaux pour ses petits-déjeuners, ses plats roboratifs et de saison, et son service rapide.

À partir de 30 £

35 **Sweetings** - **G4** - *39 Queen Victoria St. - EC4N 4SF - ⊖ Mansion House - ✆ 020 7248 3062 - www.sweetingsrestaurant.com - 11h30-15h - fermé w.-end et j. fériés - à la carte 35/74 £.* Cette institution sert depuis 1889 d'excellents poissons et fruits de mer aux cadres de la City qui s'installent au comptoir quand la salle est pleine.

SOUTHWARK

Plan de quartier p. 66-67

Moins de 15 £

8 **Borough Market** – **G5** - *8 Southwark St. - SE1 1TL - ⊖ London Bridge - ✆ 020 7407 1002 - http://boroughmarket.org.uk - ♿ - 10h-17h, vend. 10h-18h, sam. 8h-17h, lun.-mar. : quelques étals seulement 10h-17h - fermé dim. (sf en déc.).* Le plus beau et le plus fourni des marchés alimentaires londoniens vous tend les bras pour une pause gastronomique. Prenez le temps de faire le tour des étals, laissez vous guider par vos envies et les odeurs avant de faire votre choix. Il y en a pour tous les goûts et toutes les bourses. À déguster sur le pouce ou assis devant les démonstrations culinaires régulièrement proposées dans la Demo Kitchen, à l'angle de Borough High St. et Bedale St.

72 **Maltby Street Market** – **H6** - *Maltby Street, Ropewalk - SE1 3PA - ⊖ Bermondsey - www.maltby.st - sam. 9h-17h, dim. 11h-16h30.* Moins touristique mais tout aussi vibrant que le Borough Market, ce marché situé sous les arcades du pont ferroviaire saura ravir les amateurs de street food le week-end. Stands pour tous les goûts et excellents petits restaurants et bars à l'ambiance décontractée.

De 20 à 35 £

9 **Arabica** – **G5** - *3 Rochester Walk - Borough Market - SE1 9AF - ⊖ London Bridge - ✆ 020 3011 5151 - www.arabicabarandkitchen.com -*

littleny/iStock

Camden Market.

11h-22h30, sam. 9h-22h30, dim. 12h-21h - à la carte 20/28,50 £. Sous les voûtes du Borough Market, un grand restaurant moderne libanais qui fait le plein chaque midi. Et pour cause, les plats sont frais et savoureux : mezzés, viandes grillées, man'ousheh (pizzas orientales), etc. Pour terminer, on commandera un café à la cardamome, préparé dans les règles de l'art.

71 **Elliot's** – ***G5*** *- 12 Stoney St., Borough Market - SE1 9AD - ⊖ London Bridge - ✆ 020 7403 7436 - www.elliotscafe.com - lun.-vend. 12h-15h, 18h-22h, sam. 12h-16h, 18h-22h - fermé dim. et j. fériés - à la carte 25/33 £.* Très prisé et sans chichis, ce café puise la plupart de ses ingrédients au Borough Market, où il est installé, pour concocter une cuisine du terroir simple et généreuse. Testez les plats à partager comme le bœuf Dexter maturé 42 jours ou l'épaule d'agneau. Très bons burgers également.

SOUTH BANK

Plan de quartier ***p. 66-67***

Moins de 20 £

10 **Southbank Centre Food Market** – ***E5*** *- Belvedere Rd - SE1 8XX - ⊖ Waterloo - ✆ 020 7960 4200 - ✆ 020 3879 9555 - www.southbankcentre.co.uk - vend. 12h-20h, sam. 11h-20h, dim. et lun. fériés 12h-18h.* Du vendredi au dimanche, des food trucks et des étals de cuisine

du monde entier s'installent derrière le South Bank Centre. À déguster sur place ou à emporter dans les Jubilee Gardens le long de la Tamise.

À partir de 40 £

42 **Oxo Tower Restaurant & Brasserie** - **F4** - *Oxo Tower Wharf, Barge House St. - SE1 9PH - ⊖ Southwark ou Blackfriars - ✆ 020 7803 3888 - www.harveynichols.com/restaurant/the-oxo-tower - 12h-23h (dim. 22h) - fermé 25 déc. - dîner à la carte 41/82 £.* Au dernier étage de la tour Oxo, le restaurant présente un panorama extraordinaire. Service très professionnel. Tarifs plus doux à l'Oxo Brasserie Tower, qui dispose d'une terrasse en été et accueille des concerts de jazz (jeu.-dim.).

KNIGHTSBRIDGE

***Plan de quartier** p. 72-73*

Moins de 25 £

69 **Ottolenghi** – **C6** - *13 Motcomb St. - SW1X 8LB - ⊖ Knightsbridge - http://ottolenghi.co.uk - lun.-vend. 8h-20h, sam. 8h-19h, dim. 9h-18h - à la carte 20/25 £.* Petit établissement idéal pour un breakfast ou un déjeuner sur le pouce. Possibilité de s'installer à la table commune ou de prendre à emporter. Vaste et appétissant choix de salades, irrésistible stand de douceurs et bon café.

À partir de 25 £

54 **Zuma** - **B5** – *5 Raphael St. - SW7 1DL - ⊖ Knighstbridge - ✆ 020 7584 1010 - www.zumarestaurant.com - ♿ - 12h-15h, 18h-23h, sam. 12h-23h, dim. et j. fériés. 12h-22h30 - fermé 25 déc. - à la carte 25/60 £.* Ce séduisant restaurant japonais de style izakaya (bistrot), au look épuré et contemporain, brasse une foule élégante et compacte, notamment autour du comptoir. Sushis, makis, yakitoris, tempuras sont travaillés dans un style fusion aux saveurs originales. Large choix de sakés et bons cocktails également.

16 **Amaya** - **C6** – *19 Motcomb St. - Halkin Arcade - SW1X 8JT - ⊖ Knightsbridge - ✆ 020 7823 1166 - www.amaya.biz - 12h30-14h30, 18h-23h, dim. 12h45-15h, 18h-22h30 - menu déj. 26/45 £ - à la carte 85/90 £ bc.* ♿ Cette adresse stylée propose une cuisine indienne encensée par les critiques, à juste titre !

CHELSEA ET SOUTH KENSINGTON

***Plan de quartier** p. 72-73*

Moins de 15 £

11 **The V & A Café** – **B6** - *Cromwell Rd - Victoria & Albert Museum - SW7 2RL - ⊖ South Kensington - ✆ 020 7942 2000 - www.vam.ac.uk - ♿ - 10h-17h15, vend. 10h-21h30 - selon la météo en déc.-janv.* Ce qu'il y a de bien avec la gratuité des musées publics à Londres, c'est que l'on peut aussi profiter de leurs cafés et restaurants. Le Garden Café du Victoria & Albert Museum s'impose donc comme l'une des pauses incontournables de votre visite de South Kensington. Installé dans la partie la plus ancienne et la plus belle du musée,

il profite également de la cour ensoleillée et de son miroir d'eau. On s'y restaure à midi de salades, de sandwichs, de wraps ou de soupes à des tarifs raisonnables. Scones et pâtisseries à toute heure.

À partir de 30 £

20 **Bluebird** – **A7** - *350 King's Rd - SW3 5UU - ⊖ South Kensington - ✆ 020 7559 1000 - www.bluebird-restaurant.co.uk - 10h-22h, vend. 10h-14h30, 18h-22h30, sam. 11h-22h30, dim. 12h-21h - à la carte 32,50/66 £.* L'étage du « gastrodome » imaginé par Terence Conran comprend une brasserie et un restaurant design. Cuisine « Modern British ». Brunch le week-end.

19 **Bibendum Restaurant** – **B6** - *81 Fulham Rd - SW3 6RD - Michelin House - ⊖ South Kensington - ✆ 020 7581 5817 - http://bibendum.co.uk - 12h-14h15, 18h30-21h45 (sam. 22h, dim. 21h) - Oyster Bar : 8h-21h45, sam. 9h-21h45, dim. 9h-16h45 - fermé lun.-mar. - dîner 100/120 £.* Dans ce bel édifice Art Nouveau, où Michelin avait autrefois ses bureaux, la cuisine française est revisitée à l'anglaise. Bar à huîtres (Oyster Bar) au rez-de-chaussée.

NORTH KENSINGTON

***Plan de quartier** p. 72-73*

De 20 à 45 £

39 **Kensington Square Kitchen** – **A5** - *9 Kensington Sq. - W8 5EP - ⊖ High Street Kensington - ✆ 020 7938 2598 - www.kensingtonsquarekitchen.co.uk - 8h-16h30, dim. 9h30-16h - fermé dim. de Pâques et 25-26 déc. - 20/32,50 £.* Une petite adresse de quartier cachée derrière les grands arbres du très chic Kensington Square. Au menu : soupes délicatement parfumées, salades colorées et plats du jour inspirés des cuisines du monde. Parfait aussi pour un brunch.

Ffiona's - **Hors plan par A5** – *51 Kensington Church St. - W8 4BA - ⊖ High Street Kensington - ✆ 020 7937 4152 - www.ffionas.com - 18h-23h, sam. 9h-15h, 18h-23h, dim. 9h-15h, 19h-22h - fermé lun. - à la carte 30/42 £.* Décor chaleureux de tables en bois ornées de pots de fleurs et éclairage à la bougie pour ce restaurant familial. Cuisine britannique comme à la maison, dont un excellent fish & chips et un savoureux agneau à la menthe.

NOTTING HILL

***Plan de quartier** p. 83*

Les vendredi et samedi, jours du marché aux puces, vous trouverez de nombreux étals de cuisine internationale le long de Portobello Road. N'hésitez pas non plus à remonter jusqu'à Golborne Road, agréable rue bordée de cafés et de stands de cuisine marocaine.

De 15 à 30 £

40 **Eat Tokyo** - **Hors plan par A2** – *18 Hillgate St. - W8 7SR - ⊖ Notting Hill Gate - ✆ 020 7792 9313 - www.eattokyo.co.uk - 12h-23h30 (dim. 22h30) - fermé 1er janv. et 25 déc. - à la carte env. 25 £.* Grande variété de

P. Winch-Furness/German Gymnasium

German Gymnasium.

plats japonais, dont de très bons maki rolls, dans cette cantine sans chichis très prisée des habitants du quartier. Pensez à réserver.

Lisa's Kitchen and Bar – *305 Portobello Rd - W10 5TD - ⊖ Ladbroke Grove - ✆ 020 8964 8293 - www.lisasportobello.com - 18h-0h, jeu.-vend. 11h-15h, 18h-0h, sam. 10h-0h, dim. 10h-23h - fermé lun. - 27/30 £ - à la carte dîner 26,50/44,50 £.* Parfait pour se poser après avoir arpenté Portobello Road, ce petit restaurant propose des spécialités suédoises sous forme de tapas. Harengs, toast skagen (aux crevettes) et le traditionnel fromage västerbotten sont au rendez-vous. Préférez la salle sous la verrière, très agréable.

MARYLEBONE

***Plan de quartier** p. 87*

De 15 à 40 £

55 **The Golden Hind** – **C3** - *73 Marylebone Lane - W1U 2PN - ⊖ Bond Street - ✆ 020 7486 3644 - www.goldenhindrestaurant.com - 12h-15h, 18h-22h, sam. 18h-22h - fermé dim. - à la carte 18/28 £.* Une institution du fish & chips qui, depuis 1914, régale les Londoniens de calamar, morue, haddock, carrelet et autres gourmandises de la mer. Appréciable pour une pause déjeuner.

66 **Pachamama** – **C3** - *18 Thayer St. - W1U 3JY - ⊖ Bond Street - ✆ 020 7935 9393 - http://pachamamalondon.com - 12h-15h, 18h-23h, sam. 11h-23h, dim. 11h-22h - dîner à la carte 19,50/40,50 £.* Spécialités de cuisine péruvienne moderne avec une touche fusion. Excellents poissons et gaufres généreuses (sucrées ou salées) pour le brunch. Salle décorée avec goût et service très agréable.

À partir de 35 £

60 **Chiltern Firehouse** – **C3** - *1 Chiltern St. - W1U 7PA - ⊖ Bond Street ou Baker Street - ✆ 020 7073 7676 - www.chilternfirehouse.com - 7h-22h30, sam. 8h-15h, 18h-22h30, dim. 8h-15h, 18h-22h - dîner à la carte 38/136 £.* Cette magnifique ancienne caserne de style victorien a été transformée en hôtel de luxe par l'Américain André Balazs. Le restaurant offre un cadre chic et feutré très apprécié des people. Préparée dans l'immense cuisine ouverte, une gastronomie

britannique contemporaine, un peu minimaliste mais raffinée. Réservation conseillée.

BLOOMSBURY

À partir de 20 £

45 **Lima Fitzrovia** – ***D3*** - *31 Rathbone Pl. - W1T 1JH - Tottenham Court Road - 020 3002 2640 - www.limalondongroup.com/fitzrovia - 12h-14h30, 17h30-22h30 (dim. 21h30) - fermé j. fériés - menus déj. et « pre-theatre » en sem. 19/24 £ - à la carte 45/55 £.* Le chef Virgilio Martinez concocte une nouvelle cuisine péruvienne de grande qualité, subtile et originale, aux associations de goûts et de couleurs bien maîtrisées. Petite salle, réservation conseillée.

KING'S CROSS

De 15 à 30 £

17 **Dishoom King's Cross** – ***E1*** - *5 Stable St. - N1C 4AB - King's Cross St Pancras - 020 7420 9321 - www.dishoom.com - - 8h-23h, jeu.-vend. 8h-0h, sam. 9h-0h, dim. 9h-23h - fermé 25-26 déc. - à la carte 21/35 £.* Avant de reprendre l'Eurostar, ou lors d'une balade dans le nouveau quartier de King's Cross, ne manquez pas de venir tester les spécialités de ce suberbe restaurant indien, dont le cadre, inspiré des cafés persans de Bombay, témoigne de la réhabilation exemplaire de l'ancien quartier industriel. Tout y est délicieux et ultra-frais, cocktails et lassis aux fruits compris. Attention, le lieu fait des émules : privilégiez un midi en semaine. Autres adresses à Covent Garden, 12 Upper St. Martin's Lane, et à Shoreditch, 7 Boundary St.

À partir de 35 £

21 **German Gymnasium** – ***E1*** - *1 King's bd - N1C 4BU - King's Cross St Pancras - 020 7287 8000 - www.germangymnasium.com - 12h-23h, lun. 17h30-23h, dim. 12h-15h - à la carte 38/61,50 £.* Voici sans doute l'une des plus belles réussites de la réhabilitation du quartier de King's Cross. Tout de briques vêtu, cet ancien gymnase de 1865, construit pour accueillir les entraînements de la société allemande de gymnastique, accueille désormais, sous des volumes impressionnants, un café, un bar et un restaurant chic, où officie le chef allemand Bjoern Wassmuth. Formules brasserie moins chères au café.

CAMDEN TOWN

Plan de quartier p. 94

Le week-end, les stands de cuisine du monde envahissent les cours de **Camden Lock** et **Stables Antique Market**. Mafé africain, curry indien, sushis japonais, nouilles chinoises ou chili con carne, régalez-vous pour trois fois rien.

De 15 à 30 £

22 **Poppie's** – ***Hors plan par D1*** – *30 Hawley Crescent - NW1 8NP - Camden Town - 020 7267 0440 - http://poppiesfishandchips.*

co.uk - 11h-23h (vend.-sam. 23h30, dim. 22h30) - fermé 25 déc. - à la carte 18/31 £. Un fish & chips de bonne tenue, du poisson frais, des portions généreuses, le tout à deux pas de l'animation de Camden... Que demander de plus ?

HAMPSTEAD

La plupart des pubs mentionnés dans notre rubrique « Prendre un verre » (*p. 131*) servent aussi à manger.

Moins de 20 £

Ginger and White – *4a-5a Perrins Court - NW3 1QS - Hampstead - 020 7431 9098 - www.gingerandwhite.com - 7h30-17h30, w.-end 8h30-17h30 - fermé 25-26 déc. - à la carte env. 20 £.* Dans l'une des jolies ruelles d'Hampstead, un petit café prisé des habitants du quartier pour ses petits-déjeuners frais et originaux, ses sandwichs et soupes du jour et ses pâtisseries. Parfait avant ou après une balade dans la lande.

De 20 à 40 £

The Wells – *30 Well Walk - NW3 1BX - Hampstead - 020 7794 3785 - http://thewellshampstead.co.uk - ♿ - 12h-15h, 18h-22h, sam. 12h-22h, dim. 12h-16h, 19h-21h30 - à la carte 23/39 £.* Modernisé, l'un des plus anciens pubs de Hampstead attire des foules de jeunes dans son bar du rez-de-chaussée. Son charmant restaurant, perché à hauteur des vieux toits, domine la rue arborée. On y savoure une cuisine anglaise façon gastropub. Terrasse aux beaux jours.

EAST END

***Plan de quartier** p. 98-99*

Moins de 25 £

23 **Beigel Shop** – ***H2*** - *155 Brick Lane - E1 6SB - Shoreditch High Street (Overground) ou Liverpool Street - 020 7729 0826 - 24h/24, 7j/7 - moins de 15 £.* Une institution du quartier, où l'on vient faire provision de délicieux beigels, à déguster directement sur le trottoir. Les beigels arc-en-ciel s'arrachent comme des petits pains !

13 **Old Spitalfields Market** – ***H3*** - *Angle Commercial St./Brushfield St. - E1 6EW - Liverpool Street - 020 7377 1496 - www.spitalfields.co.uk - stands et food trucks : 11h-16h ; rest. : 8h-23h, w.-end 9h-23h (horaires variables ; se rens.).* Le marché de Spitalfields accueille chaque jour food trucks et étals de cuisine du monde permettant de manger à moindre coût, ainsi que de nombreux événements culinaires prisés des gourmets (programmation sur Internet). Plusieurs restaurants ont également élu domicile sous la halle, notamment Canteen Spitalfields, spécialisé dans la cuisine anglaise.

18 **Bengal Village** – ***H3*** - *75 Brick Lane - Shoreditch High Street (Overground) ou Liverpool Street - 020 7366 4868 - www.bengalvillage.com - 12h-23h30 - à la carte 17/26 £.* ♿ Une adresse de qualité de Brick Lane, où se succèdent les curry houses bon marché. Décor contemporain frais et reposant. Carte fournie, avec de nombreuses spécialités villageoises

du Bangladesh, dont est originaire le chef, et des plats végétariens. Détail d'importance au vu des prix : on peut apporter sa boisson.

De 25 à 45 £

67 **St John Bread and Wine** – ***H3*** - *94-96 Commercial St. - E1 6LZ - ⊖ Liverpool Street - ✆ 020 7251 0848 - http://stjohnrestaurant.com - 8h-23h, lun. 8h-22h, sam. 8h30-23h, dim. 8h30-22h - dîner à la carte 26/40 £.* Dans cette salle dépouillée, juste en face de Old Spitalfields Market, on se concentre sur les plats de viande tous plus savoureux les uns que les autres. Les options végétariennes sont un régal. Très bonne sélection de vins. Également prisé à l'heure du petit-déjeuner.

27 **Brawn** – ***H2*** - *49 Columbia Rd - E2 7RG - ⊖ Hoxton (Overground) - ✆ 020 7729 5692 - www.brawn.co - lun. 18h-22h30, mar.-jeu. 12h-15h, 18h-22h30, vend.-sam. 12h-15h, 18h-23h, dim. 12h-16h - formule déj. dim. 28 £ - à la carte 26,50/47 £.* Dans la cuisine ouverte de cette jolie étape gastronomique, les produits de saison et du terroir ont la part belle. Tout y est frais et excellent. Privilégiez le menu déjeuner 3 plats du dimanche (28 £) pour profiter de l'animation du marché aux fleurs de Columbia Road. Réservation vivement conseillée.

26 **Rochelle Canteen** – ***H2*** - *Rochelle School, Arnold Circus - E2 7ES - ⊖ Old Street ou Shoreditch High Street (Overground) - ✆ 020 7729 5677 - http://arnoldandhenderson.com - tlj 9h-11h, 12h-15h, dîner jeu.-sam. 18h-21h - à la carte 25/45 £.* Il faut pousser la porte d'une ancienne école pour découvrir cette adresse encore confidentielle. Le restaurant a pris place dans l'ancien local à vélos. Aux beaux jours, des tables sont installées sous la vigne et près du potager, où l'on savoure une cuisine authentique et délicieuse élaborée avec des produits de grande qualité. Le menu change quotidiennement : queue de bœuf braisée, barbue grillée, rabbit pie, etc. Gardez de la place pour les desserts « so British ». Une bonne option aussi pour le petit-déjeuner. Réservation conseillée.

BRIXTON

Moins de 25 £

Franco Manca – *4 Market Row - SW9 8LD - ⊖ Brixton - ✆ 020 7738 3021 - www.francomanca.co.uk - lun. 12h-17h, mar.-dim. 12h-23h - pizza à partir 4,95 £, à la carte 10/25 £ - pas de réserv.* C'est à Brixton, sous le marché couvert, qu'est né la première pizzeria Franco Manca. Les succulentes pizzas napolitaines cuites au feu de bois sont vite devenues incontournables dans le quartier. Ici tout est bio, même le vin. Excellent rapport qualité-prix. Nombreuses autres adresses dans Londres.

DOCKLANDS

Plan de quartier p. 106-107

À partir de 25 £

28 **The Gun** - ***Hors plan par H6*** – *27 Coldharbour - E14 9NS - ⊖ Canary Wharf - ✆ 020 7515 5222 - www.*

thegundocklands.com - P *payant* - ♿ - *11h30-0h (dim. 23h) - fermé 25 déc. - déj. 25/29 £ - à la carte 30/48,50 £.* En bord de Tamise, ce pub historique du 18e s. résiste à l'invasion des gratte-ciel. Cuisine et décor raffinés.

GREENWICH

Plan de quartier** **p. 106-107

Moins de 15 £

Greenwich Market - ***Hors plan par H8*** – *5B Greenwich Market - SE10 9HZ - ⊖ Cutty Sark - ✆ 020 8305 9612 - ✆ 020 8269 5096 - www.greenwichmarket.london - 10h-17h30 - moins de 15 £.* Pour vous restaurer à petit prix, profitez des stands de cuisine internationale qui s'installent sous le marché de Greenwich, aux côtés des artisans et créateurs.
À emporter et à savourer le long de la Tamise sous les mâts du Cutty Sark.

Goddards at Greenwich - ***Hors plan par H8*** – *22 King William Walk - SE10 9HU - ⊖ Cutty Sark - ✆ 020 8305 9612 - www.goddardsatgreenwich.co.uk - 10h-19h30 (vend.-sam. 20h) - moins de 15 £.* Établissement sans prétention où l'on se restaure depuis 1890 d'une spécialité toute britannique : la pie and mash, une tourte salée accompagnée de purée. Roborative et bon marché, déclinée ici à la viande, aux légumes ou à l'anguille, elle est considérée comme l'une des meilleures à Londres.

P. E. Forsberg/age fotostock

Old Spitalfields Market.

Prendre un verre

Repérez les adresses sur nos plans grâce aux pastilles numérotées (ex. 1). Les coordonnées en rouge (ex. C2) font référence au plan détachable.

PRENDRE LE THÉ

Profitez de votre séjour à Londres pour sacrifier au rituel de l'**afternoon tea.** Dans les grands hôtels ou les salons de thé réputés, vers 16h ou 17h, c'est *tea time* dans la plus pure tradition britannique. La boisson est alors accompagnée d'une savoureuse collation *(low tea)* comprenant des **scones** moelleux servis avec du beurre, de la confiture de fraises et de la crème fraîche épaisse légèrement fouettée *(clotted cream)*. On peut également vous proposer du cake aux fruits confits, des **muffins**, des sandwichs au concombre et quelques tartes aux fruits.

ST JAMES'S

Plan de quartier** **p. 25

1 **The Ritz London** - **D5** - *150 Piccadilly - W1J 9BR - ⊖ Green Park - ✆ 020 7493 8181 - www.theritzlondon.com - P payant - ♿ - afternoon tea : 11h30, 13h30, 15h30, 19h30 ; The Rivoli Bar : 11h30-23h30, dim. 12h-22h30.* Les grands de ce monde ont honoré le Ritz de leur présence à l'occasion d'un rituel du thé à l'anglaise dans le Palm Court ! Il faut réserver quelque six semaines à l'avance mais l'expérience est inoubliable (à partir de 57 £). Attention : ni jeans, ni chaussures de sport ; veste et cravate exigées pour les hommes.

2 **Fortnum & Mason's Restaurants** - **D4** – *181 Piccadilly - W1A 1ER - ⊖ Piccadilly Circus - ✆ 020 7734 8040 - www.fortnumandmason.com - ♿ - The Diamond Jubilee : 11h30-21h30, dim. 12h-18h ; The Parlour : 10h-20h, dim. 11h30-18h.* La fameuse épicerie fine compte plusieurs restaurants où l'on vient aussi s'adonner au traditionnel *afternoon tea*. Les plus fréquentés sont The Parlour (1er niveau) et le très chic et très cher Diamond Jubilee (4e niveau - à partir de 49 £ - réserv. recommandée), tous deux animés par un pianiste. Tenue chic exigée.

12 **Ole and Steen** – **D4** - *56 Haymarket - SW1Y 4RP - ⊖ Piccadilly Circus - ✆ 020 3828 8242 - http://oleandsteen.co.uk - 7h30-22h30, sam. 9h-22h30, dim. 9h-22h.* On prend un numéro pour attendre son tour dans cette élégante pâtisserie, où se côtoient des gâteaux d'inspiration française et des *smørrebrød* danois bien garnis.

MAYFAIR

Plan de quartier** **p. 28-29

4 **Claridge's** - **C4** – *Brook St. - W1K 4HR - ⊖ Bond Street - ✆ 020 7107 8886 - www.claridges.co.uk - afternoon tea : 14h45-17h30*

sur réserv. L'adresse la plus chic pour vous initier au rite de l'afternoon tea : tout y est, décor Art déco en sus ! Tenue chic exigée.

COVENT GARDEN

***Plan de quartier** p. 36*

(18) **Primrose Bakery** – ***E4*** - *42 Tavistock St. - WC2E 7PB - ⊖ Covent Garden ou Temple - ✆ 020 7836 3638 - www.primrose-bakery.co.uk - 10h-19h30, dim. 11h-17h.* Et pourquoi ne pas profiter de l'heure du thé pour tester les délicieux cupcakes de cette jolie pâtisserie de renom. Nappés de glaçages multicolores, ils se déclinent à la vanille, au chocolat, au caramel, au café, façon carrot cake ou red velvet. Décor soigné et coloré, très girly.

THE STRAND

***Plan de quartier** p. 36*

(3) **The Savoy** - ***E4*** – *Strand - ⊖ Charing Cross ou Covent Garden - ✆ 020 7836 4343 - www.fairmont.com/savoy-london - P payant - ♿ - 8h-23h ; afternoon tea : 13h-17h45.* Une expérience unique (à partir de 68 £) dans un hôtel d'exception. Réservation indispensable (jusqu'à six semaines à l'avance le week-end). Tenue correcte obligatoire.

KNIGHTSBRIDGE ET SOUTH KENSINGTON

***Plan de quartier** p. 72-73*

(5) **Harrods - The Tea Room** – ***B5*** - *87-135 Brompton Rd - SW1X 7XL - ⊖ Knightsbridge - ✆ 020 7730 1234 - www.harrods.com - P 25/60 £ - ♿ - 10h-21h, dim. 11h30-18h - fermé dim. de Pâques et 25 déc.* Entre deux achats, rendez-vous au 2e étage du magasin pour un délicieux afternoon tea, traditionnel (42/55 £) ou au champagne.

(29) **The Egerton House Hotel** – ***B6*** - *17-19 Egerton Terrace - SW3 2BX - ✆ 020 7589 2412 - www.egertonhousehotel.com - 12h-18h.* Confortablement installé dans les fauteuils du salon de ce 5 étoiles, dégustez un afternoon tea servi dans la pure tradition anglaise (40 £), ou au champagne (53 £). Tout est fait maison et c'est délicieux. Vaste sélection de thés haut de gamme. Options vegan, végétarienne ou sans gluten.

EAST END

***Plan de quartier** p. 98-99*

(19) **The Lily Vanilli Bakery** – ***H2*** - *6 The Courtyard, Ezra Street - E2 7RH - ⊖ Old Street ou Hoxton (Overground) - http://lilyvanilli.com/the-bakery - dim. 8h30-16h30.* Amateurs de gâteaux délicieusement « instagrammables », ce lieu est fait pour vous ! La « bakery » de Lily, nichée au fond d'une charmante petite cour n'est ouverte au public que le dimanche, jour du marché aux fleurs de Columbia Road. On vient de partout pour déguster ses cupcakes, tartes et brownies. Si vous êtes plutôt bec salé, mordez dans l'un des énormes sausage rolls tout juste sortis du four.

GREENWICH

***Plan de quartier** p. 106-107*

70 **Royal Teas Café** – *76 Royal Hill - SE10 8RT - ⊖ Greenwich - ✆ 020 8691 7240 - www.royalteascafe.co.uk - 9h30-17h30, dim. 10h30-17h30 - fermé 1er janv. et 24-26 déc.* Niché dans une rue tranquille, ce café discret est un endroit chaleureux et accueillant pour s'offrir une délicieuse gourmandise maison accompagnée d'un bon café, d'un thé ou d'un chocolat chaud. Cuisine légère végétarienne pour le déjeuner (soupes, salades, tartes).

BOIRE UNE BIÈRE

Les **pubs** (abréviation de *public houses*) sont les dignes descendants des auberges et tavernes médiévales. Nombre d'entre eux, fondés depuis plusieurs siècles, ont conservé leur décoration d'origine. Ils jouent un rôle important dans la vie sociale, accueillant les groupes d'amis, les discussions d'affaires ou les réunions de joueurs (de fléchettes) autour d'une bière (*pint* ou *half pint* pour un demi), servie à la pression *(draught)* ou en bouteille.

WESTMINSTER

***Plan de quartier** p. 17*

7 **St Stephen's Tavern** – **E5** - *10 Bridge St. - SW1A 2JR - ⊖ Westminster - ✆ 020 7925 2286 - http://ststephenstavern.co.uk - 10h-23h30, dim. 10h30-22h30.* Situé face à la tour de Big Ben, ce joli pub victorien à l'atmosphère cosy constitue une halte agréable lors de votre visite de Westminster.

ST JAMES'S

***Plan de quartier** p. 25*

8 **Golden Lion** – **D5** - *25 King St. - SW1Y 6QY - ⊖ Green Park - ✆ 020 7925 0007 - www.greenking-pubs.co.uk - 11h-23h, w.-end 12h-22h30.* Si le théâtre voisin a depuis longtemps disparu, ce pub datant de 1762 demeure une institution.

SOHO

***Plan de quartier** p. 28-29*

9 **Argyll Arms** – **D3** - *18 Argyll St. - W1F 7TP - ⊖ Oxford Circus - ✆ 020 7734 6117 - www.nicholsonspubs.co.uk - 10h-23h30 (vend.-sam. 0h, dim. 23h).* Ce pub historique (1716) a conservé son superbe décor du 18e s. : immenses miroirs, boiseries et plafonds sculptés, comptoir en bois d'acajou. Sa situation dans le quartier animé d'Oxford Circus explique aussi qu'il soit bondé à toute heure.

COVENT GARDEN

***Plan de quartier** p. 36*

10 **Lamb & Flag** – **E4** - *33 Rose St. - WC2E 9EB - ⊖ Covent Garden - ✆ 020 7497 9504 - www.lambandflagcoventgarden.co.uk - P payant - 11h-23h, dim. 12h-22h30.* Nichée dans une étroite allée, la plus ancienne taverne du quartier (1623) continue d'attirer une foule d'habitués et de touristes grâce à une atmosphère cosy et conviviale ainsi qu'à une bonne sélection de bières.

HOLBORN

***Plan de quartier** p. 43*

21 **Princess Louise** – ***E3*** - *208 High Holborn - WC1V 7EP - ⊖ Holborn - ✆ 020 7405 8816 - http://princesslouisepub.co.uk - ♿ - 11h-23h, sam. 12h-23h, dim. 12h-18h45 - fermé 25 déc.* Ce pub de la fin du 19e s., baptisé en l'honneur de la quatrième fille de la reine Victoria, vaut le détour pour son magnifique décor victorien.

CHANCERY LANE

***Plan de quartier** p. 43*

27 **Craft Beer Co** – ***F3*** - *82 Leather Lane - EC1N 7TR - ⊖ Chancery Lane - ✆ 020 7404 7049 - www.thecraftbeerco.com - 12h-23h - fermé dim.* Affilié aux meilleures brasseries artisanales du pays, ce pub ne compte pas moins d'une trentaine de pompes manuelles à casks, ces petites barriques qui servent à la gazéification naturelle de la real ale, bière non pasteurisée et non filtrée. Pour le plus grand bonheur des amateurs !

THE CITY

***Plan de quartier** p. 50-51*

26 **The Blackfriar** – ***F4*** - *174 Queen Victoria St. - EC4V 4EG - ⊖ Blackfriars - ✆ 020 7236 5474 - www.nicholsonspubs.com - 10h-23h, sam. 9h-23h, dim. 12h-22h30 - fermé 24-25 déc.* En face du métro, dans un étrange bâtiment triangulaire, ce pub historique occupe le site d'un ancien monastère dominicain. Jolies gravures en façade et admirable décor Arts & Crafts (1905) à l'intérieur. Bon choix de real ales.

SOUTHWARK

***Plan de quartier** p. 66-67*

13 **The George Inn** – ***G5*** - *75-77 Borough High St. - SE1 1NH - ⊖ London Bridge - ✆ 020 7407 2056 - www.nationaltrust.org.uk/george-inn - 11h-23h.* Cet établissement niché dans une étroite allée vaut le détour pour son architecture unique et pour l'atmosphère qui règne dans son dédale de salles patinées par le temps.

KNIGHTSBRIDGE

***Plan de quartier** p. 72-73*

14 **The Grenadier** – ***C5*** - *18 Wilton Row - SW1X 7NR - ⊖ Knightsbridge ou Hyde Park Corner - ✆ 020 7235 3074 - www.greeneking-pubs.co.uk - 11h-23h30, dim. 12h-23h30.* Ce pub historique aux couleurs britanniques était fréquenté en son temps par le duc de Wellington et ses grenadiers. Bonne sélection de bières et vraie cuisine traditionnelle de pub.

CHELSEA

***Plan de quartier** p. 72-73*

15 **The Pig's Ear** – ***B8*** - *35 Old Church St. - SW3 5BS - ⊖ Sloane Square - ✆ 020 7352 2908 - http://thepigsear.info - 12h-23h (sam. 22h, dim. 21h) - 24/34 £.* Situé dans une rue tranquille, un peu à l'écart de

King's Road, ce pub est un lieu clair et agréable pour un verre en début de soirée. Restaurant également.

NOTTING HILL

The Cow – *89 Westbourne Park Rd - W2 5QH - ⊖ Royal Oak - ✆ 020 7221 0021 - http://thecowlondon.co.uk - 12h-23h, vend.-sam. 12h-0h, dim. 12h-22h30.* L'un des pubs les plus agréables de Notting Hill. La clientèle d'habitués un rien branchés ne s'y trompe pas. Belle terrasse avec bancs en bois. Fin du fin, on y vient déguster quelques huîtres arrosées d'une Guinness ou savourer la délicieuse cuisine d'influence irlandaise.

CAMDEN TOWN

***Plan de quartier** p. 94*

(17) **Lock 17** – *11 East Yard - NW1 8AL - Camden Lock - ⊖ Camden Town - ✆ 020 7428 5929 - www.lock17.club - 10h-23h (vend.-sam. 2h30) - fermé 25-26 déc.* Au cœur de Camden Lock Market, au-dessus du cabaret Jongleurs, ce bar trendy dispose d'une agréable mezzanine et d'une terrasse surplombant le canal.

HAMPSTEAD

The Spaniard's Inn – *Spaniards Rd - NW3 7JJ - ⊖ Hampstead ou East Finchley et 15mn de marche - ✆ 020 8731 8406 - www.thespaniardshampstead.co.uk - P ♿ - 12h-23h (dim. 22h30).* Cette taverne de 1585, que l'on croise au détour d'un chemin, conserve une atmosphère joviale malgré un intérieur sombre et mystérieux. Terrasse avec barbecue le dimanche en été.

The Flask - *- 14 Flask Walk - NW3 1HE - ⊖ Hampstead - ✆ 020 7435 4580 - www.theflaskhampstead.co.uk - 11h-23h, vend. 11h-0h, sam. 10h-0h, dim. 12h-22h30.* En hiver, une belle cheminée réchauffe ce pub campagnard, dont Karl Marx fut un habitué.

EAST END

***Plan de quartier** p. 98-99*

(24) **The Ten Bells** – ***H3*** - *84 Commercial St. - E1 6LY - ⊖ Liverpool Street - ✆ 020 7247 7532 - www.tenbells.com - 12h-0h, jeu.-sam.*

R. Harding / hemis.fr

Début de soirée au bord de la Tamise.

12h-1h, dim. 13h-21h. Ce pub historique de Spitalfields, situé face au marché, est connu pour avoir été le repaire de Jack l'Éventreur ! Un superbe décor de céramiques et de boiseries restaurées qui attire les yuppies de la City.

6 **Sager + Wilde** – *H1 - 193 Hackney Road - E2 8JL - ⊖ Old Street ou Hoxton (Overground) - ✆ 020 8127 7330 - www.sagerandwilde.com - 17h-0h (jeu.-sam. 1h).* Dans un cadre cosy et feutré, ce bar à vin propose une très belle sélection à la bouteille ou au verre à prix raisonnables. La carte change quotidiennement en fonction de l'humeur et des découvertes des propriétaires. Staff très calé. Croquez dans leurs grilled cheese sandwiches, à tomber !

BRIXTON ET PECKHAM

Pop Brixton – *49 Brixton Station Rd - SW9 8PQ - ⊖ Brixton - www.popbrixton.org - 9h-23h (jeu.-sam. 0h).* Construit sur un ancien parking, ce village de conteneurs recyclés et modulables est un incubateur de tendances, spot idéal pour goûter aux cuisines du monde, boire une bière et écouter de la musique live. Ambiance festive et décontractée. Un incontournable.

Frank's Café – *95A Rye Lane - SE15 4ST - ⊖ Peckham Rye (Overground) - http://frankscafe.org.uk - été seult : mar.-jeu. 17h-23h, vend. 14h-23h, w.-end 11h-23h.* Aménagé au 10e étage d'un parking, cet immense rooftop est l'endroit parfait pour admirer le coucher du soleil aux beaux jours, un cocktail à la main. Possibilité d'y dîner en semaine et d'y bruncher le w.-end. Le lieu est très prisé, attendez-vous parfois à faire la queue.

DOCKLANDS

Plan de quartier p. 106-107

22 **The Grapes** – *76 Narrow St. - E14 8BP - Limehouse - ⊖ Westferry (DLR) - ✆ 020 7987 4396 - www.thegrapes.co.uk - P - 12h-23h (dim. 22h30) - fermé 24-25 déc.* Ce charmant pub historique, jadis fréquenté par Dickens, dispose de deux minuscules terrasses surplombant le fleuve. Salle de restaurant à l'étage.

20 **Prospect of Whitby** – *57 Wapping Wall - E1W 3SH - ⊖ Wapping - ✆ 020 7481 1095 - www.greeneking-pubs.co.uk - ♿ - 12h-23h, vend.-sam. 11h-0h, dim. 12h-22h30.* Ce vaste pub délicieusement vieillot est l'un des plus touristiques des bords de la Tamise. Bâti en 1553, il a reçu la visite de Samuel Pepys et de Charles Dickens. Sa grande terrasse profite d'une belle vue sur le fleuve.

28 **Bokan** – *40 Marsh Wall, Isle of Dogs - E14 9TP - ⊖ Canary Wharf (DLR) - ✆ 020 3530 0550 - http://bokanlondon.co.uk - 12h-0h (0h30 jeu.-dim.).* Perché au 38e étage du Novotel de Canary Wharf, ce bar offre une vue époustouflante sur la capitale, de jour comme de nuit. Cocktails originaux et savoureux, concerts le soir et très beau rooftop avec panorama à 360° à l'étage supérieur.

Shopping

Quels que soient votre style et votre budget, vous trouverez votre bonheur : grands magasins d'Oxford Street et de Knightsbridge, maroquineries de luxe, marchands d'art et grands couturiers de Bond Street, boutiques chic à Marylebone et King's Road, magasins *vintage* de l'East End, de Notting Hill et de Camden, zone commerçante de Seven Dials, au nord-est de Covent Garden... Sans oublier les boutiques des musées.

Repérez les adresses sur nos plans grâce aux pastilles numérotées (ex. 1). Les coordonnées en rouge (ex. C2) font référence au plan détachable.

ST JAMES'S

Plan de quartier** **p. 25

Tailleur

24 Hilditch & Key – **D4** –
73 Jermyn St. - SW1Y 6NP - ⊖ Green Park - 020 7734 4707 - www.hilditchandkey.co.uk - 9h30-18h, sam. 10h-18h, dim. 11h-16h. Situé dans la légendaire Jermyn Street, voici le domaine du plus ancien chemisier de la ville. Vous ferez votre choix entre du sur mesure ou non. Également un rayon femmes.

Chapelier

8 Lock and Co. Hatters – **D5** –
6 St James's St. - SW1A 1EF - ⊖ Green Park - 020 7930 8874 - www.lockhatters.co.uk - 9h-17h30, sam. 9h30-17h - fermé dim. et j. fériés. Ouvert depuis 1759, ce chapelier historique de St James's Street a coiffé les grands de ce monde, de l'amiral lord Nelson à Jacqueline Kennedy en passant par Charlie Chaplin, Winston Churchil ou Oscar Wilde, qui laissa même une dette de 3,30 £. Pour le plaisir des yeux ou pour s'équiper en chapeau melon, haut de forme ou casquette en laine.

Grands magasins

4 Fortnum & Mason – **D4** –
181 Piccadilly - W1A 1ER - ⊖ Green Park ou Piccadilly Circus - 0845 300 1707 - www.fortnumandmason.com - 10h-20h, dim. 11h30-18h - fermé dim. de Pâques. L'un des grands magasins incontournables. Incroyable choix de thés, biscuits, confiseries, spiritueux, etc. Le tout superbement présenté. Un miel maison est même produit sur le toit.

Mode, déco

37 Cath Kidston – **D4** –
178-180 Piccadilly - W1J 9ER - French Railways House - ⊖ Piccadilly Circus - 020 7499 9895 - www.cathkidston.com - 10h-20h, dim. 12h-18h - fermé Pâques et 25 déc. Sur trois étages, l'univers fleuri et coloré de cette créatrice : plein d'objets déco, vêtements, tissus, accessoires de mode, produits de beauté et séduisants articles pour la maison.

MAYFAIR ET PICCADILLY

***Plan de quartier** p. 28-29*

Mode féminine

5 Vivienne Westwood – **C4** - *6 Davies St. - W1K 3DN - ⊖ Bond Street - ✆ 020 7629 3757 - www.viviennewestwood.co.uk - 10h-18h (jeu. 19h) - fermé dim.* Le temple de la « reine Viv », qui rendit le punk respectable.

6 Stella McCartney – **D4** - *30 Bruton St. - W1J 6QR - ⊖ Green Park - ✆ 020 7518 3100 - www.stellamccartney.com - 10h-19h - fermé dim., 1er janv. et 25 déc.* Les créations de la talentueuse Stella ne sont pas à la portée de toutes les bourses, mais la boutique vaut le coup d'œil.

Chaussures

41 Charlotte Olympia – **D4** - *56 Maddox St. - W1S 1AY - ⊖ Bond Street - ✆ 020 7499 0145 - www.charlotteolympia.com - 10h-18h (jeu. 19h) - fermé dim.* La reine de la chaussure londonienne propose des créations chic et extravagantes, aux couleurs pop et au style souvent rétro, dans une petite boutique arrangée façon Art déco.

SOHO

***Plan de quartier** p. 28-29*

Grands magasins

7 Liberty – **D4** - *Great Malborough St. - W1B 5AH - ⊖ Oxford Circus - ✆ 020 7734 1234 - www.libertylondon.com - 10h-20h, dim. 11h30-18h - fermé dim. de Pâques.* Derrière une splendide façade Tudor se tient l'un des plus célèbres magasins londoniens. Au 3e étage sont alignés les métrages des célèbres imprimés à petites fleurs. Tout est bien sûr très cher, mais le plaisir des yeux justifie le détour.

Chaussures

10 Irregular Choice – **D4** - *35 Carnaby St. - W1F 7DP - ⊖ Piccadilly Circus ou Oxford Circus - ✆ 020 7494 4811 - www.irregularchoice.com - ♿ - 10h-20h, dim. 11h-19h.* Pour ses 10 ans (en 2010), la marque de chaussures tendance s'est offert une boutique dans la mythique Carnaby Street. Colorées, décalées, glamour, bref, typiquement londoniennes !

28 Hunter – **D4** - *83-85 Regent St. - W1B 4EN - ⊖ Piccadilly Circus - ✆ 020 7287 2999 - www.hunterboots.com - 10h-20h, dim. 12h-18h.* Pour jouer au gentleman farmer ou pour compléter votre panoplie londonienne en cas de pluie, voici les bottes en caoutchouc les plus hypes du moment. Un indispensable décliné toutes couleurs et tous motifs mais qui se paye à prix fort. Vêtements d'extérieur et accessoires également.

Magazines, disques

12 Berwick Street – **D4** - *Berwick St. - W1F 0PH - ⊖ Piccadilly Circus.* Cette rue est connue pour son marché et ses nombreux disquaires spécialisés (neuf ou d'occasion). Aux n° 30 se trouve le fameux Reckless Records. Au n°75, Sister Ray, spécialisé dans le rock indé, est très bien pourvu en vinyles.

Jouets

38 Hamleys – **D4** - *188-196 Regent St. - W1B 5BT - ⊖ Piccadilly ou Oxford*

Circus - ✆ 0371 704 1977 - www.hamleys.com - ♿ - 10h-21h, sam. 9h30-21h, dim. 12h-18h - fermé dim. de Pâques et 25 déc. Sur sept étages, c'est l'un des plus grands magasins de jouets au monde, débordant d'animation et de féerie. Il faut y rentrer même pour un simple coup d'œil, juste pour le plaisir de retomber en enfance !

Mode, déco

39 Anthropologie – ***D4*** - *158 Regent St. - W1B 5SW - ⊖ Piccadilly Circus - ✆ 020 7529 9800 - www.anthropologie.eu - ♿ - 10h-20h, sam. 10h-19h, dim. 12h-18h - fermé Pâques et 25 déc.* L'enseigne américaine culte a ouvert ici sa première boutique en Europe, où elle propose une gamme de vêtements et d'accessoires pour femmes, et d'articles pour la maison produits par des marques indépendantes. Également quelques objets rares de designers londoniens, toujours un peu décalés. Prix très abordables et top qualité.

Confiserie

44 M & M's World – ***D4*** - *1 Swiss Court - W1D 6AP - ⊖ Leicester Square ou Piccadilly Circus - ✆ 020 7025 7171 - www.mmsworld.com - ♿ - 10h-0h, dim. 12h-18h30 - fermé dim. de Pâques et 25 déc.* Véritable attraction, le superstore du petit chocolat « qui fond dans la bouche pas dans la main » attire les foules ! Sur quatre étages donnant sur Leicester Square, on y trouve vêtements, accessoires, gadgets et bien sûr des quantités inimaginables de M & M's conservés dans d'immenses tubes multicolores.

COVENT GARDEN

Plan de quartier p. 36

Fromages

14 Neal's Yard Dairy – ***E4*** - *17 Shorts Gardens - WC2H 9AT - ⊖ Covent Garden - ✆ 020 7240 5700 - www.nealsyarddairy.co.uk - ♿ - 10h-19h - fermé dim., 1er janv. et 25-26 déc.* Mettez de côté vos a priori et venez découvrir dans cette fromagerie plus de 50 variétés d'excellents produits britanniques, tels les cheddar et stilton. Autre adresse près du Borough Market.

Bijoux, accessoires

40 Tatty Devine – ***E4*** - *44 Monmouth St. - WC2H 9EP - ⊖ Covent Garden - ✆ 020 7836 2685 - ✆ 020 7739 9009 - www.tattydevine.com - 10h30-19h, dim. 11h30-17h.* Deux créatrices britanniques célèbres pour leurs bijoux excentriques et leurs name necklaces, colliers personnalisés ornés de breloques (charms) qui sont fabriqués dans l'heure. Esprit coloré, amusant et décalé à prix doux.

Cosmétiques

15 Neal's Yard Remedies – ***E3*** - *15 Neal's Yard - WC2H 9DP - ⊖ Covent Garden - ✆ 020 7379 7222 - www.nealsyardremedies.com - boutique : 10h-20h, dim. 11h-18h30, j. fériés 11h-18h - Therapy Rooms : 9h-21h, w.-end et j. fériés 10h-18h30 - fermé Pâques et 25 déc.* La maison mère de ce pionnier des cosmétiques bio, qui a depuis essaimé dans tout le Royaume-Uni. Avec une therapy room au 2 Neal's Yard pour se faire chouchouter : massages du monde, aromathérapie, etc.

Livres

13 Magma – **E4** - *29 Shorts Garden - WC2H 9AP - ⊖ Covent Garden - ✆ 020 7240 7970 - http://magma-shop.com - 11h-19h, dim. 11h-18h - fermé 1er janv. et 25-26 déc.* Grand choix de livres relatifs au design, à la typographie, à l'illustration et à l'art. Un incontournable.

TEMPLE

Plan de quartier p. 43

Thé

16 Twinings – **F4** - *216 The Strand - WC2R 1AP - ⊖ Temple ou Charing Cross - ✆ 020 7353 3511 - www.twinings.co.uk - 9h30-19h, sam. 10h-17h30, dim. 10h30-16h30.* ♿ Deux Chinois flanquant un lion signalent l'entrée de ce magasin où la célèbre marque tient boutique depuis 1706. Vaste choix de thés et petit musée retraçant l'histoire de la maison.

THE CITY

Plan de quartier p. 50-51

Confiserie

50 Hardy's – **F4** - *35 Ludgate Hill - EC4M 7JN - ⊖ St Paul's ou Blackfriars - http://hardyssweets.co.uk - 9h-19h (dim. 11h-18h).* Temple du bonbon rétro, des toffees et autres douceurs, cette boutique vous fera retomber en enfance. On se sert dans d'énormes jarres alignées sur des étagères, dans le style des échoppes d'antan.

SOUTHWARK

Plan de quartier p. 66-67

Marché

17 Borough Market - **G5** - *8 Southwark St. - SE1 1TL - ⊖ London Bridge - ✆ 020 7407 1002 - http://boroughmarket.org.uk - ♿ - 10h-17h, vend. 10h-18h, sam. 8h-17h ; marché limité : lun.-mar. 10h-17h - fermé dim. (sf en déc.).* Le plus vieux marché alimentaire de la capitale fait la part belle au bio et aux spécialités fines ou rustiques d'Angleterre. Il vaut un saut pour l'ambiance et surtout les papilles !

SOUTH BANK

Plan de quartier p. 66-67

Mode, déco

45 Oxo Tower Wharf – **F4** - *Barge House St. - SE1 9PH - ⊖ Southwark ou Blackfriars - ✆ 020 7021 1686 - www.oxotower.co.uk - 11h-18h - fermé lun.* Céramiques, bijoux, textiles, luminaires, design, gadgets... Une trentaine de créateurs et d'artisans se sont installés sur 3 étages de l'ancienne tour des bouillons cube Oxo.

BELGRAVIA ET KNIGHTSBRIDGE

Plan de quartier p. 72-73

Grands magasins

1 Harvey Nichols – **C5** - *109-125 Knightsbridge - SW1X 7RJ - ⊖ Knightsbridge - ✆ 020 7235 5000 - www.harveynichols.com - 10h-20h, dim. 11h30-18h.* Vous trouverez dans

giorgiogalano/iStock

Le marché de Portobello Road à Notting Hill.

ce grand magasin historique les plus grandes marques de la mode, de produits de beauté ou d'articles pour la maison. Au rayon épicerie, des produits inédits d'Angleterre et d'ailleurs.

2 Harrods – **B5** - *87-135 Brompton Rd - SW1X 7XL - ⊖ Knightsbridge - ✆ 020 7730 1234 - www.harrods.com - P payant - ♿ - 10h-21h, dim. 11h30-18h - fermé dim. de Pâques et 25 déc.* Harrods se targue de pouvoir tout fournir ! Les rayons d'alimentation présentent un décor impressionnant ; on y trouve aussi un salon de coiffure, un institut de beauté, une agence de voyages et un service d'expédition. À visiter comme un musée.

CHELSEA ET SOUTH KENSINGTON

Plan de quartier p. 72-73

Déco

3 The Conran Shop – **B6** - *81 Fulham Rd - SW3 6RD - Michelin House - ⊖ South Kensington - ✆ 020 7589 7401 - www.conranshop.co.uk - 10h-18h, merc.-jeu. 10h-19h, sam. 10h-18h30, dim. 12h-18h - fermé 25 déc.* Le magasin londonien d'ameublement et de décoration du célèbre designer Terence Conran (créateur d'Habitat).

NOTTING HILL

***Plan de quartier** p. 83*

Mode

18 Paul Smith – *122 Kensington Park Rd - W11 2EP - Notting Hill Gate - 020 7727 3553 - www.paulsmith.com - 10h30-18h30, jeu.-vend. 10h30-19h, dim. 12h-18h.* À mi-chemin entre le show-room et la boutique, Westbourne House accueille les créations du célèbre couturier, qui habite à deux pas. Dans le cadre typique de cet hôtel particulier, on visite, tel un musée, les pièces décorées d'objets glanés par sir Paul Smith à travers le monde. Les collections sont, elles, à vendre.

Puces

19 Portobello Road – *Portobello Rd - W11 1LU - Notting Hill Gate - 020 7229 8354 - 020 7727 7684 - www.portobelloroad.co.uk - 9h-18h, jeu. 9h-13h, vend.-sam. 9h-19h - fermé dim.* Depuis Notting Hill Gate jusqu'au nord de Portobello Road se succèdent antiquaires et brocanteurs, fripes, bijoux indiens, artisanat ainsi qu'un marché alimentaire. À côté des souvenirs british abordables, des boutiques et passages labyrinthiques recèlent parfois des trésors, hélas à des prix exorbitants (jouets anciens, bijoux, faïences, etc.). Le grand marché de Portobello se déroule quant à lui les vendredi et samedi.

Déco

46 Pedlars – ***hors plan par A4*** *128 Talbot Road - W11 1JA - Ladbroke Grove ou Westbourne Park - 020 7727 7799 - www.pedlars.co.uk - 8h30-18h, dim. 10h-17h - fermé 25 déc.-1er janv.* Chez Pedlars, la part belle est faite aux créateurs britanniques et d'ailleurs, et l'accent est mis sur la déco vintage et design. En résulte un choix original de vaisselle, de sacs, d'affiches, de gadgets et d'idées cadeaux. Fait également café.

The Client – *174A Kensington Mall/ Kensington Church St. - W8 4DP - en face de Douglas & Gordon - Notting Hill Gate - 07831 258285 - 11h-20h - fermé lun.* Un joyeux bric-à-brac tenu par un vieil excentrique. Très Londres.

Boutique solidaire

20 Oxfam – *245 Westbourne Grove - W11 2SE - Notting Hill Gate ou Royal Oak - 020 7229 5000 - www.oxfam.org.uk - 10h-18h, dim. 12h-16h - fermé Pâques, w.-end férié en août et 25-26 déc.* Ici sont vendus à prix cassés des vêtements parfois de créateurs, presque encore neufs, offerts par leurs précédents propriétaires. Les bénéfices de la vente servent à soutenir des projets de lutte contre la pauvreté dans le monde.

MARYLEBONE

***Plan de quartier** p. 87*

Mode

22 KJ's Laundry – **C3** - *74 Marylebone Lane - W1U 2PW - Bond Street - 020 7486 7855 - www.kjslaundry.com - 10h-19h, dim. 11h-17h.* Une belle sélection de vêtements femmes et accessoires de marques tendance. Prix en conséquence.

Concept store

(21) **The Monocle Shop** – *C3* - *2A George St. - W1U 3QS - ⊖ Bond Street - ✆ 020 7486 8770 - http://monocle.com - 11h-19h, dim. 12h-18h.* Belle boutique hommes liée à la célèbre revue Lifestyle. Petite mais stylée.

BLOOMSBURY

Accessoires

(23) **James Smith & Sons** - *E3* - *53 New Oxford St. - WC1A 1BL - ⊖ Tottenham Court Road - ✆ 020 7836 4731 - www.james-smith.co.uk - ♿ - 10h-17h45, merc. 10h30-17h45, sam. 10h-17h15 - fermé dim. et j. fériés.* Depuis 1830, l'enseigne vend l'attribut indispensable de toute visite à Londres : le parapluie ! Le magasin est resté dans son jus victorien et propose pléthore de cannes, parapluies pour hommes ou pour femmes, accessoires sur mesure, etc.

Papeterie

(36) **Paperchase** - *D3* – *213-215 Tottenham Court Road - W1T 7PS - ⊖ Goodge Street - ✆ 020 7467 6200 - www.paperchase.co.uk - 9h-20h, sam. 9h-19h, dim. 12h-18h.* Sur trois étages, un immense choix de papiers, cartes, carnets, stickers et petits objets en tout genre.

CAMDEN TOWN

Plan de quartier p. 94

Puces

(25) **Camden Markets** – *Chalk Farm Rd - Camden Lock Pl. - NW1 8AF - ⊖ Camden Town - ✆ 020 3763 9900 - www.camdenmarket.com - 10h-19h - fermé 25 déc.* Si la plupart des boutiques sont ouvertes en semaine, c'est le week-end que l'ambiance bat son plein. Une des attractions majeures de Londres, même si ces marchés ne sont plus ce qu'ils étaient. Explorer en particulier le Stables Antique Market, aménagé dans d'anciennes écuries.

Mode

(35) **Cyberdog** – *Stables Market, Chalk Farm Rd - NW1 8AH - ⊖ Camden Town - ✆ 020 7482 2842 - www.cyberdog.net - ♿ - 11h-19h30, vend. 11h-20h, w.-end 10h-20h - fermé 25 déc.* ✆ ♿ Plongé dans la pénombre et résonnant d'une musique assourdissante, un magasin totalement déjanté de vêtements punko-futuristes, t-shirts fluos, robes argentées, cosmétiques criards et autres gadgets excentriques. Vendeurs au diapason.

EAST END

Plan de quartier p. 98-99

Divers

(27) **Old Spitalfields Market** – *H3* - *16 Horner Square - à l'angle de Commercial St. et Brushfield St. - E1 6EW - ⊖ Liverpool Street - ✆ 020 7377 1496 - www.spitalfields.co.uk - magasins : 10h-19h ; rest. : 8h-23h, w.-end 9h-23h.* Dans cette ancienne halle restaurée, on trouve des vêtements de créateurs à des prix accessibles, des bijoux, de la déco vintage et des boutiques plus classiques. Nombreux stands de vêtements et d'artisanat également, notamment lors du Saturday Style Market. Marché d'art un jeudi par mois

de mars à mi-novembre, puis toutes les semaines jusqu'en décembre.

Marchés

29 Columbia Road Flower Market - ***H2*** - *Columbia Rd - E2 7RG - ⊖ Hoxton (Overground) - www.columbiaroad.info - P - dim. 8h-15h - fermé 25 déc.* Ce marché aux fleurs connaît un revival foudroyant depuis que l'Est londonien est devenu le plus branché des quartiers. Il est complété par des magasins d'artisans, implantés dans les maisons basses de Columbia Road. On y trouve plein d'idées déco, des galeries, cafés et restaurants, dont certains sont aussi ouverts en semaine. Petit conseil : venez tôt pour éviter la foule.

42 Boxpark Shoreditch - ***H2*** - *2-10 Bethnal Green Rd - E1 6GY - ⊖ Shoreditch High Street (Overground) - ✆ 020 7033 2899 - www.boxpark.co.uk - ♿ - 11h-19h, mar. 11h-20h, dim. 12h-18h ; rest. : 8h-23h, dim. 10h-22h - fermé 1er janv. et 25-27 déc.* Une soixantaine de conteneurs abritent des boutiques éphémères de marques connues ou de jeunes créateurs, et des restaurants, dont certains en toit-terrasse.

Mode

31 Sunday Upmarket - ***H3*** - *91 Brick Lane - E1 6QL - Old Truman Brewery - ⊖ Shoreditch (Overground) - ✆ 020 7770 6028 - www.sundayupmarket.co.uk - dim. 10h-17h.* Situé dans la cour de l'ancienne brasserie Truman, ce vaste entrepôt accueille jeunes créateurs, marchands de fripes et stands de cuisine exotique ou bio. Vous pourrez y dénicher des choses originales et y manger pour trois fois rien.

47 Beyond Retro - ***Hors plan par H2*** - *110-112 Cheshire St. - E2 6EJ - ⊖Shoreditch High Street (Overground) - ✆ 020 7613 3636 - ✆ 020 7729 9001 - www.beyondretro.com - ♿ - 10h-19h, jeu. 10h-20h, dim. 11h30-18h - fermé 25-26 déc.* L'un des temples du vintage londonien. Ce gigantesque hangar rassemble vêtements et accessoires pour hommes et femmes des années 1920 à 1990.

Musique

33 Rough Trade East - ***H3*** - *91 Brick Lane - E1 6QL - Old Truman Brewery - ⊖ Shoreditch High Street (Overground) ou Aldgate East - ✆ 020 7392 7788 - www.roughtrade.com - ♿ - 9h-21h, vend. 9h-20h, sam. 10h-20h, dim. 11h-19h - fermé 1er janv. et 25-26 déc.* Un magasin de disques indépendant incontournable si vous allez à Brick Lane. Excellents conseils des vendeurs.

HACKNEY

Hackney Walk - *116 Morning Lane - E9 6LS - ⊖ Hackney Central (Overground) - www.hackneywalk.com - 10h-18h (dim. 11h-17h).* Partez chiner les bonnes affaires sous les arcades de Hackney Walk et sa dizaine d'outlets de luxe – jusqu'à 70 % de réductions ! Vous retrouverez de grandes marques « made in UK » comme Pringle of Scotland (prêt-à-porter homme et femme), Anya Hindmarch (maroquinerie), Gieves & Hawkes (costumes hommes) et le célèbre Burberry, dont l'ancienne usine a été transformée en boutique. Nike, Zadig & Voltaire et bien d'autres s'ajoutent à la liste.

Sortir

Londres ne dort jamais, mais à chaque heure de la nuit ses lieux. Les **pubs** (*p. 131*) sont incontournables en début de soirée. Pour les branchés, les **bars** de Soho, Clerkenwell, Islington et de l'East End s'animent en seconde partie de soirée, attirant une clientèle plus jeune. L'ambiance musicale y est souvent assurée par des groupes ou des DJ et il n'est pas rare que l'on puisse y danser jusqu'à 2h. Ils constituent aussi une option économique face aux **clubs**, réputés assez chers, et où l'ambiance démarre rarement avant minuit.
Mais vous pouvez également passer une soirée au théâtre, au concert ou au music-hall. Spécificité toute britannique, la comédie musicale (*p. 180*) s'affiche dans les **théâtres du West End**, autour de Leicester Square, notamment sur le Strand (Savoy, Adelphi) ; Shaftesbury Avenue (Queen's, Palace, Lyric, Gielgud) ; Charing Cross Road (Phoenix, Garrick, Wyndham's) ; Haymarket (Her Majesty's, Haymarket) ; Catherine Street (Drury Lane) ; Wellington Street (Lyceum), etc. Pour la programmation, consultez *Time Out* (*p. 154*) ou **www.officiallondontheatre.co.uk**.
Des places à demi-tarif pour les représentations du jour sont en vente au **kiosque TKTS** *(www.tkts.co.uk)* à Leicester Square.

Repérez les adresses sur nos plans grâce aux pastilles numérotées (ex. 1). Les coordonnées en rouge (ex. C2) font référence au plan détachable.

MAYFAIR

Plan de quartier p. 28-29

13 The Connaught Bar – **C4** - *Carlos Pl. - W1K 2AL - Bond Street - 020 7499 7070 - www.the-connaught.co.uk - - 11h-1h (dim. 0h).* Lumière nacrée, boiseries claires..., le bar de ce palace forme un bel écrin pour siroter les cocktails du chef mixologiste, dont de fameux Martini parfumés que l'on préfère ici « stirred, never shaken » (à la cuillère, pas au shaker).

SOHO

Plan de quartier p. 28-29

2 Bar Rumba – **D4** - *36 Shaftesbury Ave. - W1D 7EP - Piccadilly Circus - 020 7287 6933 - www.barrumbadisco.co.uk - 18h30-3h, mar. 18h-3h, jeu. et dim. 22h-3h, vend.-sam. 19h-3h.* Le Rumba est l'un des meilleurs clubs de Londres malgré une piste de danse bien modeste au regard de la popularité des lieux. Atmosphère toujours sympathique et musicale : jazz, house, funk, latino, etc. Comedy club les mardi, vendredi et samedi en début de soirée.

21 Cirque le Soir – **D4** - *15-21 Ganton St. - W1F 9BN - Oxford Circus - 020 7287 8001 - www.cirquelesoir.com - 23h-3h - fermé mar., jeu. et dim. - entrée 20 £.* Ambiance déjantée, voire décadente, pour ce club extravagant axé sur le thème du cabaret burlesque et du cirque.

Jongleurs, cracheurs de feu et danseurs se produisent sur les tubes house et hip-hop du moment.

THE CITY

***Plan de quartier** p. 50-51*

7 **Fabric** – **F3** - *77a Charterhouse St. - EC1M 6HJ - ⊖ Farringdon - ✆ 020 7336 8898 - www.fabriclondon.com - ♿ - vend.-dim. à partir de 23h - âge min. : 19 ans.* Une boîte énorme (trois salles) à l'acoustique exceptionnelle, où se produit la crème des DJs techno-house et drum and bass et qui attire une clientèle de 20-30 ans. Piste de danse « Bodysonic » pour vibrer avec les basses.

17 **SushiSamba** – **H3** - *110 Bishopsgate - Heron Tower - EC2N 4AY - ⊖ Liverpool Street - ✆ 020 3640 7330 - http://sushisamba.com - 11h30-1h30 (merc.-sam. 2h).* Un ascenseur véloce vous propulse aux 38 et 39e étage de cette tour, où ce bar dévoile une vue magique à 360° sur la City, notamment depuis la terrasse. Cocktails (13/28 £) et bon choix de sakés.

SOUTHWARK

***Plan de quartier** p. 66-67*

6 **Ministry of Sound** – **G6** - *103 Gaunt St. - SE1 6DP - ⊖ Elephant and Castle - ✆ 0870 060 0010 - www.ministryofsound.com - ♿ rdc seult - vend. 22h30-6h, sam. 23h-6h - entrée 13,50/26 £ selon soirée.* La boîte attire chaque week-end une clientèle de 20-35 ans. Un son remarquable pour une expérience étourdissante, mais de longues files d'attente à l'entrée. Musique house, garage et techno.

3 **Flat Iron Square** – **G5** - *68 Union St. - SE1 1TD - ⊖ London Bridge - ✆ 020 3179 9800 - www.flatironsquare.co.uk - bars : 12h-0h, lun. 12h-21h, dim. 12h-20h ; club : 17h-2h, jeu.-sam. 17h-4h.* Bien caché sous l'arche d'un chemin de fer, cet endroit insolite rassemble plusieurs bars et stands de street food. On s'installe autour de vastes tables en bois pour manger sur le pouce avant de profiter du club et de son bar à tequila au sous-sol pour faire la fête. Marché aux puces également le w.-end en journée.

NORTH KENSINGTON

***Plan de quartier** p. 72-73*

4 **Troubadour** – *263-267 Old Brompton Rd - SW5 9JA - ⊖ Earl's Court ou West Brompton - ✆ 020 7370 1434 - www.troubadourlondon.com - café : 9h-0h30 ; club : 20h-0h30, jeu.-sam. 20h-2h.* Ce bar se vante d'avoir accueilli les célèbres Bob Dylan ou Jimi Hendrix. Dans la salle de spectacles, au sous-sol, programmation très éclectique : lectures de poésie, soirées cinéma, concerts de nouveaux talents.

NOTTING HILL

***Plan de quartier** p. 83*

15 **Electric Cinema** – *191 Portobello Rd - W11 2ED - ⊖ Ladbroke Grove - ✆ 020 7908 9696 - www.electriccinema.co.uk - ♿.*

Pourquoi ne pas profiter d'une soirée à Londres pour s'offrir une toile dans l'un des plus vieux et des plus beaux cinémas de la ville ? Daté de 1910, on s'y installe dans de beaux fauteuils rouges un verre à la main, ou, mieux encore, allongé dans un canapé-lit... (36/45 £ pour 2). Réservez à l'avance.

MARYLEBONE

***Plan de quartier** p. 87*

12 Artesian - **D3** - *1C Portland pl. - The Langham Hotel - W1B 1JA - ⊖ Oxford Circus - ✆ 020 7636 1000 - www.artesian-bar.co.uk - P ♿ - 11h-1h30 (dim. 23h30).* Ce salon élégant a été classé meilleur bar au monde par le magazine Drinks International. Le barman en chef y invente des cocktails expérimentaux et pointus, des mixtures facturées 17/22 £. La carte inclut aussi vins, bières Bluebird et spiritueux du monde entier.

CAMDEN TOWN

***Plan de quartier** p. 94*

10 Jazz Café – *5 Parkway - NW1 7PG - ⊖ Camden Town - ✆ 020 7485 6834 - http://thejazzcafelondon.com - ♿ sf le rest. - concerts : tlj à partir de 19h ; club : vend-sam. 22h30-3h ; rest. : 19h-23h.* L'un des meilleurs clubs de jazz de la capitale. Des concerts de jazz, mais aussi de soul, R'n'B, funk, électro ou hip-hop y sont programmés tous les soirs à partir de 19h. Les vendredi et samedi, à partir de 22h30, la salle se transforme en dance floor, avec des soirées hip-hop ou funk (vend.) et soul (sam.).

20 Koko - **D1** – *1A Camden High St. - NW1 7JE - ⊖ Mornington Crescent - ✆ 020 7388 3222 - www.koko.uk.com - ♿ - 19h-23h, vend. 19h-22h, sam. à partir de 21h ; club Antics : vend. 22h-4h.* Un ancien théâtre où l'on se rend tant pour la beauté grandiose du lieu que pour la musique. On peut danser sur les balcons ou dans la fosse lors des concerts et des soirées DJ. Terrasse sur le toit.

22 Electric Ballroom – *184 Camden High St. - NW1 8QP - ⊖ Camden Town - ✆ 020 7485 9006 - http://electricballroom.co.uk - ♿ - ouv. selon concerts ; club : vend.-sam. jusqu'à 3h.* Inaugurée en 1938, cette salle mythique a vu défiler Sid Vicious, Madness, The Clash... et continue à accueillir des artistes de tous horizons. Soirées club les vendredis, samedis et certains dimanches.

EAST END

***Plan de quartier** p. 98-99*

11 The Book Club - **H2** – *100-106 Leonard St. - EC2A 4RH - ⊖ Old Street ou Shoreditch High Street (Overground) - ✆ 020 7684 8618 - www.wearetbc.com - 9h-0h, jeu.-vend. 9h-2h, sam. 10h-2h, dim. 10h-0h.* Conférences, expositions, soirées, sessions musicales : ce bar-club à succès de l'East End est multifonction. On peut même y jouer au ping-pong ! Clientèle plutôt jeune et branchée.

18 Queen of Hoxton - **H2** – *1-5 Curtain Rd - EC2A 3JX - ⊖ Shoreditch High Street (Overground) - ✆ 020 7422 0958 - http://queenofhoxton.com - 16h-0h,* *jeu.-sam. 16h-2h, dim. rooftop seult 16h-22h.* À la fois bar, club et galerie d'art, le lieu dégage une atmosphère décontractée et underground, avec ses graffitis sur les murs et ses rave-parties organisées de temps à autre au sous-sol. Aux beaux jours, le rooftop est recouvert de gazon, de fleurs et de tables en bois multicolores et des séances de cinéma s'y tiennent régulièrement (programmation sur rooftopfilmclub.com) ; à l'automne, un tipi géant et chauffé accueille les clients.

19 **Xoyo** - **G2** – *32-37 Cowper St. - EC2A 4AP - ⊖ Old Street - ✆ 020 7608 2878 - http://xoyo.co.uk - vend.-sam. à partir de 21h30, autres jours selon concerts.* Un club très réputé, associant concerts en semaine et soirées clubbing avec DJ de renom le week-end. Programmation musicale variée mais toujours de qualité.

BRIXTON

Dogstar – *389 Coldharbour Lane - SW9 8LQ - ⊖ Brixton - ✆ 020 7733 7515 - http://dogstarbrixton.com - lun. 16h-23h, mar.-merc. 16h-1h, jeu. 16h-2h, vend. 16h-4h, sam. 12h-4h, dim. 12h-23h - 3/5 £, entrée gratuite avant 22h.* Grand pub de trois étages et premier bar DJ de la capitale, voici l'endroit parfait pour venir faire la fête jusque tard dans la nuit. Les couche-tôt pourront aussi assister à des concerts, des spectacles de stand up et des retransmissions sportives. Il y en a pour tous les goûts et à toutes les heures ! Regardez le programme sur le site.

DALSTON

Ridley Road Market Bar – *49 Ridley Rd - E8 2NP - ⊖ Dalston Kingsland ou Dalston Junction (Overground) - www.ridleyroadmarketbar.com - mar.-sam. 18h-02h, dim. 17h-23h - CB uniquement.* Ce bar DJ est installé dans une ancienne échoppe du marché. On y déguste de délicieuses pizzas en début de soirée (5 £) avant de se frayer un chemin sur la piste de danse qui se remplit très vite. Bonne musique et ambiance hipster-cool. Ici pas de chichis, les cocktails sont simples, pas chers et servis dans des verres en plastiques. Entrée gratuite, mais pensez à venir tôt pour ne pas faire la queue !

ISLINGTON

The Old Queen's Head – *44 Essex Rd - N1 8LN - ⊖ Angel - ✆ 020 7354 9993 - www.theoldqueenshead.com - 12h-0h (jeu. 1h, vend.-sam. 2h).* Pub sur plusieurs étages avec une bonne programmation de concerts, DJ sets et autres soirées musicales. Le dernier étage offre même une salle de karaoké que l'on peut réserver gratuitement les dimanche et lundi soirs.

Se loger

L'hébergement à Londres est cher, très cher. Pour obtenir des tarifs avantageux, réservez vos nuitées longtemps à l'avance, idéalement en semaine ou le dimanche.
Les quartiers centraux les plus chic (Mayfair, St James's, The Strand) rassemblent les hôtels luxueux. Très résidentiels, Kensington et Notting Hill affichent une série d'hôtels de charme, la plupart aménagés dans des maisons du 19e s. Bayswater, leur voisin, regorge d'hôtels relativement bon marché. Central, Bloomsbury regroupe des établissements plus modestes occupant souvent d'anciennes demeures georgiennes. Earl's Court et Victoria proposent des hôtels simples et des B & B abordables.
Les fourchettes de prix mentionnées ci-après, relevées lors de la rédaction du guide, correspondent à une chambre double en haute saison.

Centrales de réservation

www.visitlondon.com – Site officiel du London Tourist Board (LTB).
www.londontown.com – Agence proposant des hôtels de différentes catégories à des tarifs avantageux.
www.londonbb.com – London Bed and Breakfast Agency Ltd.

Repérez les adresses sur le plan détachable grâce aux pastilles numérotées (ex. 1). Les coordonnées en rouge (ex. D2) font référence à ce même plan.

COVENT GARDEN

De 100 à 170 £

8 **Hub by Premier Inn Covent Garden** – **E4** - *110 St Martin's Lane - WC2N 4BA - Leicester Square ou Charing Cross - 0333 321 3104 - www.premierinn.com - - 163 ch 106/162 £ - 5 £.* « Compact et connecté » : voici la formule des Hub Hotels, qui proposent des chambres petites, mais modernes et ultrafonctionnelles (tout peut y être contrôlé depuis votre smartphone). Autres adresses à Tower Bridge et Brick Lane (East End).

SOUTH BANK

De 150 à 200 £

12 **The Mad Hatter** – **F5** - *3-7 Stamford St. - SE1 9NY - Southwark - 020 7401 9222 - www.madhatterhotel.co.uk - payant - limité - - 30 ch. 166/199 £ - 10 £ -* Sur la rive sud de la Tamise, proche de la Tate Modern, cet établissement à l'étage d'un beau pub victorien propose des chambres cosy et bien insonorisées.

BELGRAVIA

De 120 à 280 £

2 **The Z Hotel Victoria** – **C6** - *5 Lower Belgrave St. - SW1W 0NR - Victoria - 020 3589 3990 - www.thezhotels.com/victoria - - 106 ch. 129/278 £.* Très propre

et fonctionnel, cet hôtel se situe à deux pas de la gare de Victoria. Accueil sympathique.

SOUTH KENSINGTON

De 180 à 310 £

4 **The Nadler Kensington** – **A6** - *25 Courtfield Gardens - SW5 0PG - ⊖ Earls Court ou Gloucester Road - ✆ 020 7244 2255 - www.nadlerhotels.com - ▤ P payant - ♿ - 65 ch. 189/309 £ - ☕ 8,50 £.* Décoration contemporaine mais chaleureuse et quelques chambres donnant sur la verdure. Petite cuisine équipée (frigo, micro-ondes, bouilloire).

NOTTING HILL

De 100 à 180 £

Garden Court Hotel - **Hors plan par A4** – *30-31 Kensington Gardens Sq. - W2 4BG - ⊖ Bayswater - ✆ 020 7229 2553 - www.gardencourthotel.co.uk - - 32 ch. 108/173 £ ☕.* Cet hôtel à la façade lumineuse est tenu par la même famille depuis 1954. Chambres meublées avec simplicité et excellent rapport qualité-prix.

New Linden - **Hors plan par A4** – *59 Leinster Sq. - W2 4PS - ⊖ Bayswater - ✆ 020 7221 4321 - http://newlinden.mayflowercollection.com - P payant - - 50 ch. 138/180 £ ☕.* Une adresse cosy soucieuse de conserver des tarifs raisonnables. Décoration à la fois sobre et design, chambres personnalisées.

De 140 à 220 £

Vancouver Studios - **Hors plan par A4** – *30 Prince's Sq. - W2 4NJ - ⊖ Bayswater - ✆ 020 7243 1270 - http://vancouverstudios.co.uk - - 45 studios et 3 appart. 149/210 £.* Cette adresse pleine de charme propose d'agréables studios équipés d'une kitchenette. Possibilité de commander quelques courses lors de la réservation.

MARYLEBONE ET REGENT'S PARK

Autour de 150 £

1 **22 York Street** – **C3** - *22 York St. - W1U 6PX - ⊖ Baker Street - ✆ 020 7224 2990 - http://22yorkstreet.co.uk - - 10 ch. 150 £ ☕.* B & B dans une belle demeure georgienne. Adresse conviviale et copieux petit-déjeuner.

De 170 à 250 £

14 **St George Hotel** – **C3** - *49 Gloucester Pl. - W1U 8JE - ⊖ Marble Arch - ✆ 020 7486 8586 - www.stgeorge-hotel.net - P payant - ♿ limité - - 16 ch. 179/219 £ ☕.* Dans une rue animée près de Hyde Park, un hôtel aux chambres vastes et confortables, où l'on vous réserve un accueil chaleureux. Espace de convivialité sous une verrière.

3 **The Sumner** – **B3** - *54 Upper Berkeley St. - W1H 7QR - ⊖ Marble Arch - ✆ 020 7723 2244 - www.thesumner.com - ▤ - 19 ch. 201/242 £ ☕.* Un petit hôtel particulier du 19e s. transformé en nid cosy et intime, au chic contemporain. Idéal pour boire un verre au coin du feu, faire du shopping sur Oxford Street ou flâner dans Hyde Park.

BLOOMSBURY

À partir de 260 £

6 **Bloomsbury Hotel** - **E3** - *16-22 Great Russell St. - Tottenham Court Road - 020 7347 1000 - www.doylecollection.com - P payant - - 153 ch. 266/422 £ -* - . Près de Covent Garden, un hôtel chic à l'atmosphère typiquement anglaise. Chambres contemporaines.

EAST END

À partir de 100 £

5 **Point A Hotel Liverpool Street** - **H3** - *13-15 Folgate St. - E1 6BX - Liverpool Street ou Shoreditch (DLR) - 020 7456 0400 - www.pointahotels.com - - 183 ch. 104,50/181,50 £ - 6,50 £.* Un compact hotel, soit un minimum de prestations (lit, douche) pour garantir les tarifs les plus bas et des services facturés (TV, ménage, serviette de bain, etc.). Bon plan côté budget et excellente situation. Demandez une chambre avec fenêtre.

15 **The Hoxton** - **H2** - *81 Great Eastern St. - EC2A 3HU - Old Street - 020 7550 1000 - http://thehoxton.com - - 210 ch. 99/229 £ -* - . Dans un quartier en plein renouveau, bel hôtel au design industriel. Aménagements confortables et petit-déjeuner servi dans la chambre.

À partir de 150 £

Qbic Hotel - **Hors plan par H3** - *42 Adler St. - E1 1EE - Aldgate East - 020 3021 3300 - http://qbichotels.com/london-city - P 15 £/j - - 171 ch. 157/234 £ -* . Dans le quartier branché de Brick Lane, ce boutique-hôtel abordable surfe sur la tendance écolo et la déco industrielle à la mode récup'chic. Les chambres évoquent un Rubik's Cube monochrome dont tous les éléments – douche, lit, bureau – s'emboîtent. Évitez celles sans fenêtre. Prêt de vélo.

De 170 à 400 £

13 **Ace Hotel Shoreditch** - **H2** - *100 Shoreditch High St. - E1 6JQ - Old Street ou Shoreditch High Street (Overground) - 020 7613 9800 - www.acehotel.com - - 258 ch. 179/329 £ - à la carte 15/25 £ -* . Temple des hipsters londoniens, cet hôtel bohème jouxte de nombreux cafés, barbiers et bars branchés. On y trouve de la poésie sur les murs, de l'art graphique et un style années 1950 ponctué de quelques pièces design. Gym, sauna, restaurant, bars et club. 149

DOCKLANDS

À partir de 120 £

Novotel Canary Wharf - *40 Marsh Wall, Isle of Dogs - E14 9TP - Canary Wharf (DLR) - 020 3530 0500 - www.accorhotels.com - - 313 ch. 126/357 £ - à la carte -* . Ce nouveau building de 39 étages, au design intérieur moderne, fonctionnel et très esthétique, propose des chambres parfaitement équipées et disposant toutes d'une vue imprenable sur la capitale. Piscine et salle de sport dernier cri. Le petit déjeuner servi au bar Bokan, au 38e étage (voir « Boire un verre ») est une vraie réussite.

Londres pratique

Préparez votre voyage

Votre séjour de A à Z

Agenda culturel

Dans la City, le Gherkin, par les architectes Norman Foster et Ken Shuttleworth.
xavierarnau/iStock

Préparez votre voyage

FORMALITÉS D'ENTRÉE

Papiers d'identité – Au moment où nous imprimons le guide, les formalités d'entrée sur le territoire britannique post-Brexit pour les ressortissants français, belges et suisses ne sont pas encore connues. Pour l'heure, la carte d'identité en cours de validité suffit à passer la frontière. Consultez le site Internet de votre consulat avant le départ.

Visa – Pour l'instant, les ressortissants de l'Union européenne et les Suisses n'en ont pas besoin. Vérifiez auprès de votre consulat avant le départ.

Douane – À l'heure actuelle, les voyageurs en provenance d'un pays de l'UE ne sont tenus à aucune déclaration à condition de ne pas transporter de produits prohibés (armes, drogue, objets contrefaits, plantes, animaux vivants, etc.). Pour ceux qui arrivent d'un pays hors de l'UE, les marchandises doivent faire l'objet d'une déclaration en douane.

EN TRAIN

Eurostar – Jusqu'à 19 trains directs quotidiens entre Londres-**St Pancras International** et Paris-Gare du Nord (2h15). Quelques liaisons directes par semaine avec Lyon (4h30), Avignon et Marseille (6h).

Une dizaine entre Londres et Lille (1h20) ou Bruxelles (1h51). Enregistrement au plus tard 30mn avant le départ. Informez-vous de la réglementation en matière de bagages.

Eurostar – ✆ 0892 35 35 39 (0,40 €/mn) - www.eurostar.com.

Pour les voyageurs flexibles, le site **snap.eurostar.com** permet de réserver un billet à partir de 30 € jusqu'à trois semaines avant le depart (il faut choisir matin ou après-midi). Seul bémol, on ne connaît son horaire de départ que 48h à l'avance.

EN AVION

Six aéroports desservent Londres : Heathrow, Gatwick, Luton, Stansted, London City et Southend.

Accès au centre-ville depuis ces aéroports et coordonnées p. 3.

Les compagnies régulières

Au départ de Paris et Bruxelles env. 1h15 de vol, de Genève env. 1h30.

Air France – ✆ 36 54 (0,35 €/mn) - www.airfrance.fr. Vols pour Heathrow au départ de Paris.

British Airways (BA) – ✆ 0825 825 400 (0,18 €/mn) - www.britishairways.fr. Vols directs au départ de nombreuses villes en France, de Suisse, de Bruxelles et de Liège.

Brussels Airlines – ✆ 0892 64 00 30 (0,337 €/mn depuis la France), ✆ 090 251 600 (0,75 €/mn depuis la Belgique) - www.brusselsairlines.com. Vols pour Heathrow de Paris, Marseille, Toulouse, Lyon, Nice, Strasbourg, Bordeaux, Bruxelles, Genève, Zurich.

Swiss International Air Lines - ✆ 0 892 232 501 (0,34 €/mn) ou ✆ 0 848 700 700 (depuis la Suisse) - www.swiss.com. Vols pour Heathrow, London City et Gatwick au départ de Genève et Zurich.

Les compagnies low-cost

Easyjet - www.easyjet.com. Vols pour Londres (Gatwick, Luton, Stanted et Southend) depuis de très nombreuses villes en France, Bâle, Genève et Zurich.
Ryanair - www.ryanair.com. Vols pour Luton et Stansted au départ de nombreuses villes en France (sauf Paris).
Flybe - www.flybe.com. Vols pour London Southend depuis Caen, Lyon, Perpignan; London City depuis Paris, Rennes et Zurich.

EN CAR

Plusieurs compagnies desservent Victoria Station au départ de nombreuses villes françaises. Tarifs à partir de 15 €. Comptez env. 8h pour un trajet Paris-Londres.
Eurolines - www.eurolines.fr
Ouibus - www.ouibus.fr
FlixBus -www.flixbus.fr

ARGENT

Devise - La monnaie officielle est la **livre sterling** (£), divisée en 100 pence (p) et convertible au taux de 0,88 £ pour 1 € en juillet 2018.
Change - On change facilement ses devises dans les banques, bureaux de change, aéroports et certaines agences de voyages, grands hôtels et grands magasins.
Cartes de crédit - Une carte de crédit internationale demeure le moyen de paiement le plus souple, et l'option sans contact est proposée dans de très nombreux endroits (jusqu'à 30 £). On trouve des distributeurs automatiques partout, et on acceptera votre carte dans la plupart des hôtels, restaurants et commerces. Renseignez-vous auprès de votre banque sur les frais appliqués pour les paiements et retraits (sujets à un plafond).
« Banques » p. 155.

Pas de panique!

Appel d'urgence européen : ✆ 112 (appel gratuit)
Urgences : ✆ 999 (appel gratuit)
Perte de cartes bancaires :
American Express : ✆ + 33 (0)1 47 77 72 00
Visa : ✆ 0 800 891 725
Master Card : ✆ 0 800 964 767
Objets perdus dans les transports (Transport for London) : ✆ 0343 222 1234

SAISONS

Londres connaît un **climat tempéré maritime** se caractérisant par des températures modérées et une forte humidité toute l'année.
Si les averses sont fréquentes, le **printemps** est appréciable pour ses températures plus douces (11-15 °C en moyenne de fin mars à fin mai).
En **été**, le climat est généralement agréable (18-20 °C de juin à août),

R. Mattes/hemis.fr

Sur le pont de Westminster..

avec de rares pics à 30 °C, mais l'on n'est jamais à l'abri de journées fraîches et brumeuses.
L'**automne** constitue une saison relativement douce et ensoleillée (11-15 °C en septembre-octobre).
L'**hiver** n'est jamais trop rigoureux (4-6 °C en moyenne de novembre à fin mars) et les chutes de neige sont assez rares, mais le vent et l'humidité peuvent procurer de grandes sensations de froid. Les semaines précédant **Noël** constituent une période de forte affluence touristique, de même que les **soldes**, dès fin décembre.

POUR EN SAVOIR PLUS

Deux sites Internet à retenir : **www.visitbritain.com** (office du tourisme de Grande-Bretagne) ; **www.visitlondon.com** (office du tourisme de Londres ; propose également une application à charger sur votre smartphone : Visit London - Official Guide).
Avant votre départ, vous pouvez également consulter le site **www.timeout.com/london** pour préparer vos sorties et tout savoir sur la vie culturelle londonienne.
Il existe aussi de nombreux blogs sur la ville, comme le très populaire **www.londonist.com**.

Sur place

City of London Information Centre – St Paul's Churchyard - ✆ 020 7332 3456 - ⊖ St Paul's - www.visitthecity.co.uk - lun.-sam. 9h30-17h30, dim. 10h-16h - fermé 25-26 déc.
London Travel Information Centres – King's Cross-St Pancras - lun.-sam. 8h-18h, dim. et j. fériés 8h30-18h ; Piccadilly Circus - 9h30-16h.
↻ *« Transports en commun » p. 160.*

Votre séjour de A à Z

AMBASSADES

France – 58 Knightsbridge, London SW1X 7JT - Knightsbridge - 020 7073 1000 - www.ambafrance-uk.org.
Belgique – 17 Grosvenor Crescent - London SW1X 7EE - Hyde Park Corner - 020 7470 3700 - unitedkingdom.diplomatie.belgium.be/fr.
Suisse – 16-18 Montagu Place - London W1H 2BQ - Baker Street - 020 7616 6000 - www.eda.admin.ch/london.

BANQUES

Horaires – Lun.-sam. 9h30-16h30.
Taux des commissions – En général, on bénéficie des taux les plus intéressants à la banque.
Monnaie – Il existe des billets de 50 £, 20 £, 10 £ et 5 £, et des pièces de 2 £, 1 £, 50 p, 20 p, 10 p, 5 p, 2 p et 1 p.

DÉCALAGE HORAIRE

Toute l'année, il est une heure de moins à Londres qu'en France.

ÉLECTRICITÉ

Le voltage standard est de 240 volts AC (50 Hz), donc pas de problème pour les appareils fonctionnant sur du 220 V. En revanche, avec les prises ayant trois pôles, vous aurez besoin d'un **adaptateur** pour utiliser vos appareils électriques. La plupart des hôtels en prêtent, sinon vous en trouvez en magasin.

HORAIRES

Magasins – Lun.-sam. 9h30/10h-18h/19h, parfois plus tard pour les grands magasins. Ouvert le dim. (10h/11h-16h/17h) dans les lieux touristiques. D'autres proposent des nocturnes (20h-21h) le merc. (Knightsbridge, Chelsea) ou jeu. (Oxford Street, Kensington High Street, Covent Garden).
« Nos adresses/Shopping » p. 135.
Musées et monuments – 10h-18h. Beaucoup ouvrent tous les jours de la semaine, leurs horaires étant parfois réduits le dimanche et les jours fériés *(bank holidays)*, mais la plupart ferment le 1er janvier ainsi que les 25 et 26 décembre.
Profitez des nocturnes pour découvrir les grands musées londoniens : National Gallery *(vend. jusqu'à 21h, p. 21)*, National Portrait Gallery *(jeu.-vend. 21h, p. 22)*, Tate Modern *(vend.-sam. 22h, p. 64)*, Victoria and Albert Museum *(vend. 22h, p. 76)*, etc. La Tate Britain *(p. 18)* et le Natural History Museum *(p. 77)* organisent régulièrement des soirées thématiques et des visites aux chandelles sont proposées au Sir John Soane's Museum *(p. 44)* et à la Dennis Severs'House *(p. 100)*.

Pharmacies – 9h-18h.
Pharmacies ouvertes tard :
Bliss Pharmacy – 109 Gloucester Road - ⊖ Gloucester Road - ✆ 020 7373 4445 - 9h-22h, lun., vend. et dim. 12h-21h; Zafash – 233-235 Old Brompton Road - ⊖ West Brompton - ✆ 020 73732798 - 24h/24.

JOURS FÉRIÉS

- 1er janvier *(New Year's Day)*
- Vendredi saint *(Good Friday)*
- Lundi de Pâques *(Easter Monday)*
- Premier lundi de mai *(May Day Bank Holiday)*
- Dernier lundi de mai *(Spring Bank Holiday)*
- Dernier lundi d'août *(August Bank Holiday)*
- 25 décembre *(Christmas Day)*
- 26 décembre *(Boxing Day)*

LONDON PASS

En vente dans les centres d'information (p. 154) ou sur Internet : **www.londonpass.com**. Il donne droit à l'entrée gratuite et l'accès rapide à près de 70 sites, musées et attractions.
Tarifs – 1 j. (69 £), 2 j. (85 £), 3 j. (114 £), 6 j. (154 £). Avec les **transports illimités** sur tout le réseau londonien : 84 £, 114 £, 144 £, 199 £. *« Transports en commun » p. 160.* À vous de calculer si cette carte est avantageuse, sachant que plusieurs grands musées sont déjà gratuits.

POSTE

Vous trouverez des **timbres** *(stamps)* dans les bureaux de poste et auprès des marchands de journaux. Un timbre (lettre jusqu'à 20 g et carte postale) coûte 1,25 £ pour les pays de l'UE, 1,45 £ pour le reste du monde. Comptez 3 j. pour acheminer une lettre vers Europe. www.royalmail.com.
Horaires – Lun.-vend. 9h-17h30 et sam. 9h-12h30. Les guichets aménagés chez certains commerçants bénéficient d'horaires plus étendus.

POURBOIRE

Le service (12,5 %) est la plupart du temps inclus dans l'addition, au **restaurant** et dans les bars. Si ce n'est pas le cas, il est d'usage de laisser un pourboire de 10 à 15 % de la note. Le service est également compris dans votre note d'**hôtel**, mais comptez de 50 à 75 p par valise pour les porteurs. Les chauffeurs de **taxi** apprécient un petit quelque chose (10-15 % de la course).

PRESSE

Presse quotidienne nationale

Elle se compose de journaux d'information sérieux, tels *The Daily Telegraph*, *The Financial Times*, *The Guardian*, *The Independent* et *The Times*, par opposition aux tabloïds, plus racoleurs, comme *The Daily Mail*, *The Daily Express*, *The Daily Star*, *The Daily Mirror* ou *The Sun*.

Presse quotidienne locale

Evening Standard est le principal quotidien gratuit londonien. Outre les informations nationales, il s'intéresse particulièrement à la vie à Londres.

REPÉREZ-VOUS, MÊME SOUS LA PLUIE
AVEC NOS PLANS DE VILLE PLASTIFIÉS !

MICHELIN
LONDRES
PLAN DE VILLE
PLASTIFIÉ
Sélection touristique LE GUIDE VERT

Magazine

Le très populaire **Time Out** est distribué gratuitement chaque mardi dans les stations de métro et les gares. On le retrouve également dans de nombreuses institutions culturelles. Il répertorie les manifestations de la semaine, propose des idées originales et une sélection d'adresses pour découvrir Londres.

RESTAURATION

Le traditionnel petit-déjeuner anglais, l'**English breakfast**, est surtout réservé aux week-ends, mais il n'est pas rare qu'on le serve dans les hôtels et les Bed & Breakfast.
À midi, les Londoniens déjeunent léger : un sandwich, une salade ou une soupe. Lorsqu'il fait beau, le **pique-nique** s'impose ! Pensez au rayon alimentaire des grands magasins, où sont vendus des sandwichs et des salades, ou profitez des **food-trucks** et **étals de cuisine du monde** qui investissent les marchés londoniens, les esplanades, et les festivals. Autrement, certains restaurants proposent un **lunch menu** composé de deux ou trois plats d'un bon rapport qualité-prix ; l'occasion de s'offrir une grande table quand on dispose d'un budget limité ! La plupart servent de 12h à 14h/14h30.
À partir de 16h, la Grande-Bretagne se met à l'**heure du thé**. Pâtisseries et mini-sandwichs accompagnent alors la *cup of tea* (*p. 129*).
Il est de coutume d'aller prendre une bière dans un **pub** après le travail, à 17h/18h, avant de sortir dîner vers 19h30/21h. Le repas du soir est le plus copieux de la journée. La plupart des restaurants ne servent pas au-delà de 22h/22h30, et il est conseillé de réserver en fin de semaine.

Des plats « so British »

*Le petit-déjeuner traditionnel se compose d'œufs, de bacon et de toasts, d'un jus d'orange et de thé ou de café. Pour être « complet » (full English breakfast), il doit aussi comprendre saucisses, tomates et **beans** (haricots blancs).*
*Entre autres plats de résistance, un grand classique est le bœuf en sauce, recouvert de pâte feuilletée cuite au four, cuisiné avec des rognons (**beef and kidney pie**) ou avec des champignons (**beef and mushroom pie**). Le **cornish pasty**, chausson à la viande et aux pommes de terre, est idéal pour manger sur le pouce, tout comme le **fish & chips**, filet de poisson pané servi avec des frites. Autre spécialité : le **fish pie**, parmentier de haddock aux petits pois. Côté fruits de mer, les Anglais apprécient les crevettes (**shrimps**) et les huîtres (**oysters**), qu'ils cuisinent volontiers chaudes. Le fromage, comme le cheddar ou le stilton, se déguste traditionnellement après le dessert, avec un verre de porto. Il entre dans la composition du **Ploughman's lunch**, servi aussi dans les pubs.*
*Côté desserts, vous ne serez pas déçu par les classiques comme l'**apple pie** (sorte de tarte aux pommes), le **crumble**, le **lime curd** (crème au citron) ou le **trifle** (génoise, crème pâtissière, crème fouettée et fruits). Quant au **pudding**, il en existe plus d'une centaine de recettes.*

« Nos adresses/Se restaurer » p. 116 et « La table londonienne » p. 185.

SAVOIR-VIVRE

Faire la queue
Les Londoniens ne se comportent pas n'importe comment : ils font la queue dans le bon ordre et le calme.

Au pub
À part dans les établissements qui servent à manger, il faut se rendre au comptoir pour commander et payer.

Tenue de soirée
Si vous dînez dans un bon restaurant et sortez au théâtre, au concert ou à l'opéra, ne négligez pas votre tenue, car dans ces occasions, les Britanniques s'habillent plus que les Français. Les hommes porteront une chemise et une veste, les femmes seront élégantes. Ne paniquez pas cependant : les traditions se perdant peu à peu, il n'est généralement pas nécessaire de s'habiller trop classe pour sortir danser, sauf dans les adresses select. En cas de doute, optez pour le décontracté chic. Certains clubs de rock ne laisseront pas entrer les visiteurs endimanchés...

TAXI

Bien qu'il soit assez cher, le « *cab* » londonien est une attraction en soi.

Black cabs
Les taxis londoniens, traditionnellement noirs, arborent aujourd'hui des couleurs vitaminées. Vous pouvez les héler quand le voyant orange « *For hire* » placé sur le toit est allumé. Ils sont tous dotés d'un compteur et le prix de la course est fonction de la distance parcourue. Comptez 2,60 £ pour la prise en charge. Tarifs majorés après 20h, le week-end et les jours fériés.
Réservation depuis un mobile : 0871 871 8710 (env. 2 £ de réserv.).
La flotte, qui serait responsable de 20 % de la pollution londonienne, est peu à peu remplacée par des utilitaires. Objectif : rouler à l'hydrogène ou à l'électrique d'ici 2020.

Minicabs
Pour de longues distances, il est préférable de réserver un minicab. Il faut négocier par avance le montant de la course, car ils n'ont pas de compteur. Attention, certains taxis privés ne sont pas patentés, ceux qui le sont doivent afficher à l'avant et à l'arrière du véhicule un disque jaune émis par le Public Carriage Office. Numéros de sociétés privées sur **www.tfl.gov.uk** (env. 2 £ de réserv.).

TÉLÉPHONE

De l'étranger
00 + 44 (indicatif de la Grande-Bretagne) + n° de votre correspondant sans le 0 initial (soit 10 chiffres).

De Londres vers l'étranger
00 + indicatif du pays (33 pour la France, 32 pour la Belgique, 41 pour la Suisse) + n° de votre correspondant (sans le 0).

Appels internes

Tout appel, local ou interurbain, se compose de 11 chiffres.

Cabines téléphoniques

On peut appeler des cabines rouges traditionnelles avec une carte bancaire, des pièces ou une carte téléphonique *(phonecard)*, en vente à la poste ou dans les épiceries. Pour joindre l'étranger, vous avez tout intérêt à téléphoner d'une boutique privée ou à acheter une **carte d'appel internationale** (5, 10 ou 20 £) vendue dans les centres Internet et chez les marchands de journaux. Il en existe plusieurs selon les destinations ; comparez les prix. D'une cabine, vous devez composer un numéro d'appel spécial, puis entrer le code inscrit au dos de votre carte et le numéro de votre correspondant.

Votre portable à l'étranger

Les **frais d'itinérance** *(roaming)* dans l'UE sont supprimés depuis juin 2017, permettant ainsi l'utilisation des données cellulaires au même prix que lorsque vous êtes dans votre pays (les appels vers Londres ou l'étranger restent donc surtaxés). Attention, l'accès à Internet n'est pas illimité, un plafond de data étant fixé par chaque opérateur. Pour éviter les mauvaises surprises, renseignez-vous sur votre forfait avant le départ. La mise en œuvre du Brexit pourrait remettre en question ce dispositif en Grande-Bretagne. À suivre.
Si votre téléphone est débloqué, il vous suffit d'acquérir un **kit de connexion** (dans une boutique de téléphonie mobile) pour disposer d'une carte SIM, d'un numéro d'appel et de quelques minutes de communication, puis de recharger votre compte avec les cartes en vente chez les commerçants.

Applications pour smartphones

Vous pouvez télécharger le plan du métro *(Tube map)*, un convertisseur de devises *(XE currency converter)*, un calculateur d'itinéraires *(Citymapper)*, des plans de ville, une interface pour réserver un minicab, etc. Le site www.visitlondon.com référence une dizaine d'applications gratuites.

TOILETTES PUBLIQUES

Elles sont nombreuses à Londres, la plupart accessibles aux personnes en fauteuil roulant.

TRANSPORTS EN COMMUN

Transport for London – ✆ 0343 222 1234 (24h/24 - n° payant) - www.tfl.gov.uk.

Métro

Le **Tube** est le moyen le plus rapide pour se déplacer dans la capitale, avec un réseau de 11 lignes (bientôt 12, avec l'ouverture de la ligne Elizabeth en décembre 2018). Elles sont identifiées par un nom et une couleur. Les indications *Northbound* (nord), *Southbound* (sud), *Eastbound* (est) ou *Westbound* (ouest) précisent le sens de la ligne. Le terminus est rappelé à l'avant du train et sur le tableau d'affichage du quai.

Plan du métro au dos du plan détachable.

Attention, conservez bien votre ticket, il est nécessaire de le passer dans la machine pour ressortir du métro.
Horaires – Lun.-sam. 5h/5h30 à 0h30/1h, dim. 7h à 0h/0h30. 24h/24 le vend. et le sam. sur Victoria et Jubilee et sur la plupart des stations des lignes Central, Northern et Piccadilly.

Bus

Les bus rouges à impériale participent au charme de Londres et permettent de mieux découvrir la capitale. Le réseau compte près de 130 lignes pour le seul centre-ville.
Pour vous y retrouver, procurez-vous la carte *Central London*, disponible gratuitement dans les stations de métro et téléchargeable sur le site www.visitlondon.com, ou téléchargez l'application Citymapper qui vous permettra de calculer vos itinéraires.
Une soixantaine de bus de nuit, identifiables à la lettre N précédant leur numéro, prennent le relais du métro et des bus de jour entre minuit et 7h. Leurs horaires demeurent en revanche assez irréguliers et il est nécessaire de faire signe au chauffeur pour qu'il s'arrête.

Dockland Light Railway (DLR)

Ligne de métro indépendante et sans chauffeur desservant l'est de Londres au départ de la City.
Les stations du DLR sont facilement accessibles aux personnes ayant des difficultés pour se déplacer.

Overground

Ce réseau de transports ferroviaires dessert l'agglomération londonienne et compte plusieurs stations en ville, notamment à l'est (Liverpool Street, Shoreditch, etc.) ; elles sont parfois directement connectées avec le métro. L'Overground fonctionne désormais toute la nuit le vend. et le sam. entre Highbury & Islington et New Cross Gate.

Tarifs

Les transports en commun se révèlent très onéreux. En outre, les prix varient selon les **zones** et l'**heure** à laquelle vous voyagez, de sorte qu'il n'est pas toujours facile de s'y retrouver. Le billet à tarif plein *(peak ticket)* permet de voyager toute la journée ; le billet hors heures de pointe *(off peak ticket)* peut être utilisé sans restriction le week-end et les jours fériés, mais seulement à partir de 9h30 du lundi au vendredi. Les enfants de moins de 11 ans voyagent gratuitement dans les bus, métro, DLR et Overground.
Les titres de transport s'achètent dans les stations de métro. Si vous êtes contrôlés sans titre de transport, vous êtes passible d'une amende de 80 £.
À titre indicatif, le ticket de métro/ DLR simple coûte 4,90 £. Préférez donc la Travelcard, l'Oyster Card ou la fonction « sans contact » de votre carte bancaire.
Travelcard – Elle permet un accès illimité au métro, aux bus (de jour et de nuit), au DLR et à l'Overground. One Day Travelcard (1 jour) : 12,70 £ en zones 1 à 4. Seven Day Travelcard (7 jours) : 34 £ en zones 1 et 2.
Oyster Card – Il s'agit d'une carte prépayée que l'on peut utiliser sur tout le réseau de transport londonien (sauf trains de banlieue). On y stocke la somme d'argent que l'on souhaite

et on la recharge *(top up)* selon ses besoins, en liquide ou par carte de crédit, aux guichets des stations de métro, par téléphone (✆ 0 800 112 3456), sur Internet (www.tfl.gov.uk/oyster) ou chez de nombreux commerçants. On peut même y stocker une Travelcard.
L'Oyster Card est disponible dans les stations de métro moyennant une caution de 5 £, remboursable en fin de séjour. Le trajet en métro en zones 1-2 revient à 2,90 £ (*peak*) ou 2,40 £ (*off peak*), et le trajet en bus à 1,50 £. Prévoyez un crédit de 10 £ pour 1 jour, 15 £ pour 2 jours et 20 £ pour 3 jours. Quel que soit le nombre de voyages effectués dans la journée, la carte est programmée pour n'être jamais plus chère qu'une One Day Travelcard.

Attention, veillez à bien valider votre carte au début ET à la fin de votre trajet (sauf dans les bus), pour que le tarif correct soit débité, sans quoi on vous fera payer le prix d'un voyage sur l'ensemble de la ligne.
Visitor Oyster Card – Vendue exclusivement en ligne (visitorshop.tfl.gov.uk) moyennant une caution de 3 £ (non remboursable), elle permet de s'équiper avant le départ et fonctionne sensiblement comme l'Oyster sauf qu'on ne peut pas y charger de Travelcard. Possibilité de se faire rembourser jusqu'à 10 £ en cas de crédit restant.
« London Pass » p. 156.
Contactless – La fonction « sans contact » de votre carte bancaire vous permet de circuler sur le réseau londonien aux mêmes conditions tarifaires que l'Oyster Card. Attention cependant aux frais bancaires !

VÉLO

Les stations de vélos en libre-service **Santander Cycles** émaillent le centre-ville (paiement par carte de crédit, 30 premières minutes gratuites). Renseignements : www.tfl.gov.uk.
Un peu partout dans la capitale, des compagnies proposent des vélos en libre-service que l'on géolocalise et débloque avec son smartphone (applications Obike, www.o.bike/uk, ou Ofo, www.ofo.com/uk). À partir de 0,50 £/30mn.
Soyez sur vos gardes quand vous circulez dans le centre, le trafic y est particulièrement intense.
Le réseau de pistes cyclables est développé dans certains secteurs de la capitale et il est très agréable de se promener à vélo le long de la Tamise ou dans certains parcs. Les guides **London Cycle Guide**, disponibles dans les Travel Information Centres, proposent des circuits. Sachez enfin que l'on peut voyager avec son vélo dans le métro.

VISITES GUIDÉES

Attention à la barrière de la langue : à de rares exceptions, les explications sont uniquement en anglais.

En bus

Certaines agences organisent des visites accompagnées, d'autres vous proposent de monter ou de descendre à volonté avec le même ticket et de planifier vous-même vos visites. La plupart des agences proposent également des circuits à pied.

Big Bus Tours – ✆ 020 7233 9533 - www.bigbustours.com. 4 circuits avec croisière sur la Tamise, billet valable 24h en vente en ligne (30 £).

London Duck Tours – 55 York Rd - ⊖ Waterloo - ✆ 020 7928 3132 - www.londonducktours.co.uk. Départ derrière le London Eye. Parcours thématiques de 1h15, en voiture amphibie loufoque, dont une partie sur la Tamise (à partir de 27 £).

À vélo

BrakeAway Bike Tours – ✆ 078 2435 3274 - www.biketouroflondon.com. Point de rendez-vous sur les quais 1/2 de Victoria Station. Deux visites : « Grand London » et « Secret London » (24 £ le circuit de 3h30).

En bateau

Pour connaître les parcours et les horaires des différentes compagnies, consultez le site Transport for London (tfl.gov.uk/modes/river).

City Cruises – ✆ 020 7740 0400 - www.citycruises.com. Balades fluviales au départ de Westminster Pier et jusqu'à Greenwich (16,75 £ l'aller-retour).

Jason's Trip – www.jasons.co.uk. D'avril à octobre, croisières en péniche sur le Grand Union Canal entre Camden Lock et Little Venice (10 £ l'aller, 45mn aller).

À pied

À nous deux Londres ! – www.anousdeuxlondres.co.uk. Découverte d'un quartier en compagnie d'un guide francophone.

London Walks – ✆ 020 7624 3978 - www.walks.com. Nombreuses promenades autour d'un quartier ou

LUNAMARINA/iStock

Tower Bridge.

d'un thème (celle sur Jack l'Éventreur est proposée en français).

Bowl of Chalk – www.bowlofchalk.net. Guide à l'humour *so British* proposant plusieurs visites le week-end dans Central et East London (tarif à l'appréciation des visiteurs). Visites privées en semaine.

Alternative London Tours – www.alternativeldn.co.uk. Promenades thématiques dans l'East End autour de la gastronomie, des pubs ou du *street art* (en français le samedi).

En cab

London Cab Tours – ✆ 079 5614 1733 - www.londoncabtours.co.uk. Visite de 3h (195 £ par voiture), d'une journée (390 £) et autres options thématiques.

Agenda culturel

Pour connaître les événements au fil des mois, consultez **www.visitlondon.com**, où est également proposé en téléchargement le **London Planner**, mensuel gratuit distribué dans les offices de tourisme et divers lieux de la capitale.

EXPOSITIONS TEMPORAIRES 2018-2019

Barbican Art Gallery (p. 167)
▶**Modern Couples : Art, Intimacy and the Avant-garde** – 10 oct. 2018-27 janv. 2019.

British Library (p. 92)
▶**Anglo-Saxon Kingdoms** – 19 oct. 2018-19 fév. 2019.

Design Museum (p. 81)
Consultez www.designmuseum.org/exhibitions.

London Transport Museum (p. 37)
▶**Poster Girls** – Jusqu'en janvier 2019.

Museum of London (p. 52)
▶**London Nights** – jusqu'au 11 nov. 2018.

▶**Votes for Women** – Jusqu'au 6 janv. 2019.

National Gallery (p. 21)
▶**Mantegna and Bellini** – 1er oct. 2018-27 janv. 2019.

▶**Lorenzo Lotto Portraits** – 5 nov. 2018- 10 fév. 2019.

National Maritime Museum (p. 109)
▶Consultez www.rmg.co.uk/national-maritime-museum.

National Portrait Gallery (p. 22)
▶**Gainsborough's Family Album** – 22 nov. 2018 - 3 fév. 2019

Natural History Museum (p. 77)
▶Consultez www.nhm.ac.uk.

Queen's Gallery (p. 26)
▶**Russia : Royalty & the Romanovs** – 9 nov. 2018-28 avr. 2019.

Royal Academy of Arts (p. 30)
▶**Oceania** – 29 sept. 2018-10 déc. 2018

▶**Klimt/Schiele** – Dessins du musée Albertina de Vienne - 4 nov. 2018-3 fév. 2019.

Saatchi Gallery (p. 74)
▶**Black Mirror : Art as social satire** – Dates à confimer.

Science Museum (p. 78)
▶**Superbugs : the fight for our lives** – Jusqu'au printemps 2019.

Tate Britain (p. 18)
▶**Turner Prize 2018** – 25 sept. 2018-6 janv. 2019.

▶**Burne-Jones** – 24 oct. 2018–24 fév. 2019.

▶**Van Gogh and Britain** – 27 mars 2019–11 août 2019.

Tate Modern (p. 64)

▶**Christian Marclay : The Clock** – 14 sept. 2018 –20 janv. 2019.

▶**Anni Albers** – 11 oct. 2018–27 janv. 2019.

▶**Hyundai Commission : Tania Bruguera** – 2 oct. 2018–30 mars 2019.

Victoria and Albert Museum (p. 76)

▶**Frida Kahlo : Making Her Self Up** – Jusqu'au 4 nov. 2018.

RENDEZ-VOUS ANNUELS

Janvier

▶**New Year's Day Parade** : défilé du Nouvel An, départ à 12h de Parliament Square (Westminster) pour Piccadilly - www.lnydp.com.

▶**London Mime Festival** : théâtre visuel - www.mimefest.co.uk.

▶**Burns Night** : hommage au poète écossais autour d'un repas traditionnel (25 janv.).

▶**Charles I Commemoration** : procession en costume, départ à 11h30 de St James's Palace pour Banqueting House (dernier dim.).

▶**London Art Fair** : Foire de l'art de Londres au Business Design Centre à Islington - www.londonartfair.co.uk.

Février

▶**Nouvel An chinois** : à Chinatown, dans le quartier de Soho.

Mars

▶**St Patrick's Day** : parade irlandaise, le 17 mars à South Bank.

Pâques

▶**Hot Cross Buns Service** : messe et distribution de brioches de Pâques à l'église St Bartholomew-the-Great (Vend. saint).

▶**Easter Parade** : défilé de carnaval le lundi de Pâques à Battersea Park.

▶**London Harness Horse Parade** : cortège de chevaux attelés le lundi de Pâques à Battersea Park - www.lhhp.co.uk.

Fin mars-début avril

▶**Oxford-Cambridge Boat Race :** depuis 1829, les universités d'Oxford et de Cambridge s'affrontent lors d'une course à l'aviron sur la Tamise - theboatraces.org.

Avril

▶**London Marathon** : entre les Docklands et Westminster - www.virginmoneylondonmarathon.com.

Mai

▶**London Photo Festival** : dans différents lieux de la ville - www.londonphotofestival.org.

▶**Open Air Theatre** : début de la saison de théâtre en plein air à Regent's Park - www.openairtheatre.org.

▶**RHS Chelsea Flower Show** : floralies, au Royal Hospital de Chelsea - www.rhs.org.uk.

▶**State Opening of Parliament** : cérémonie d'ouverture du Parlement par la reine au palais de Westminster.

▶**Vaisakhi (Baisakhi)** : danses et chants du Pendjab pour célébrer le Nouvel An sikh sur Trafalgar Square.

▶**Boishakhi Mela :** le Nouvel An bengali est généralement célébré à la mi-mai dans l'East End, mais le mois et le lieu peuvent varier - www.towerhamlets.gov.uk/mela.

Juin

▶**Trooping the Colour** : défilé à l'occasion de l'anniversaire de la reine.

▶**Horse Guards Parade** : Whitehall (2e sam.).

▶**Hampton Court Festival** : concerts en tout genre au palais de Hampton Court - www.hamptoncourtpalacefestival.com.

▶**Open Garden Squares Weekend** : 200 jardins publics et privés en fête - www.opensquares.org.

▶**Championnats de tennis de Wimbledon** (2 sem.) - www.wimbledon.org.

▶**Greenwich + Docklands International Festival** : concerts, performances, théâtre en plein air - www.festival.org.

▶**Taste of London** : festival gastronomique à Regent's Park.

▶**Pride in London** (1 sem.) : la Gay Pride londonienne - prideinlondon.org.

▶**Royal Ascot** : courses de chevaux très prisées - www.ascot.co.uk.

▶**London Festival of Architecture** : portes ouvertes, visites guidées dans toute la ville - www.londonfestivalofarchitecture.org.

Juin-août

▶**Royal Academy Summer Exhibition** : salon d'été de la Royal Academy of Arts (de mi-juin à fin août) à Burlington House (Piccadilly) - www.royalacademy.org.uk.

Juillet

▶**Wireless Festival** : grand festival de musique urbaine, dance, pop et R'n'B au Finsbury Park - wirelessfestival.co.uk.

▶**RHS Hampton Court Palace Flower Show** : floralies au palais de Hampton Court - www.rhs.org.uk.

▶**The Proms** : musique classique au Royal Albert Hall (jusqu'en sept.) - www.bbc.co.uk/proms.

▶**Doggett Coat and Badge Race** : courses d'aviron entre les ponts de Londres et de Chelsea.

▶**Prudential Ride London** : course cycliste et nombreux événements autour du vélo - www.prudentialridelondon.co.uk.

Août

▶**Hampstead Heath Fair** : fête foraine et foire depuis 1850 (dernier w.-end).

▶**Notting Hill Carnival** : grand carnaval jamaïcain, départ de Portobello Road (dernier w.-end).

Septembre

▶**Open House London** : journées nationales du patrimoine - www.openhouselondon.org.uk.

▶**The London Design Festival** : une centaine d'événements à travers la ville - www.londondesignfestival.com.

▶**Totally Thames** : manifestations artistiques sur les bords de la Tamise, entre Westminster Bridge et Tower Bridge - totallythames.org.

▶**Goldsmiths'Fair** : exposition-vente d'orfèvrerie au Goldsmiths'Hall (St Paul's), de fin sept. à début oct. - www.goldsmithsfair.co.uk.

▶**Pearly Kings and Queens Harvest Festival** : à l'occasion de la fête des moissons, les Pearly Kings and Queens défilent du Guildhall à l'église St Mary-le-Bow dans leur costume traditionnel recouvert de boutons - www.pearlysociety.co.uk.

Octobre

▶**Michaelmas Law Term** : ouverture de la session judiciaire par les juges en robe déposant des fleurs à l'abbaye de Westminster.
▶**Trafalgar Day Parade** : défilé pour la commémoration de la bataille de Trafalgar, au départ de Trafalgar Square (le 21).
▶**London Film Festival** : au National Film Theatre - www.bfi.org.uk.
▶**London Restaurant Festival** : menus spéciaux et animations dans de nombreux restaurants de la capitale - www.londonrestaurantfestival.com.

Novembre

▶**Bonfire Night** : feux d'artifice dans les principaux parcs de la ville (le 5) - www.bonfirenight.net.
▶**London Jazz Festival** (10 jours) : dans toute la ville - www.efglondonjazzfestival.org.uk.
▶**London to Brighton Veteran Car Run** : course de voitures anciennes au départ de Hyde Park (1er dim.) - www.vccofgb.co.uk/lontobri.
▶**Lord Mayor's Show** : parade du lord-maire dans la City (2e sam.) - lordmayorsshow.london.
▶**Remembrance Day Service & Parade** : journée du souvenir, cérémonie au Cenotaph de Whitehall (dim. proche du 11 nov.).
▶**Début des illuminations de Noël** : Regent Street à la mi-nov.

Décembre

▶**Illuminations dans les rues et chants de Noël dans les églises.**
▶**Trafalgar Square Christmas Tree** : installation du sapin de Noël offert par la Norvège.
▶**Spitalfields Winter Festival** : musiques classique, baroque et contemporaine à Spitalfields - www.spitalfieldsmusic.org.uk.
▶**Winter Wonderland** : gigantesque fête foraine sur le thème de Noël dans Hyde Park - www.hydeparkwinterwonderland.com.

GALERIES D'ART

Quelques adresses de galeries qui jouent un rôle prépondérant dans la vie artistique londonienne :

East London

▶**Whitechapel Gallery** - *p. 101.*

St James's

▶ **White Cube** - 25-26 Mason's Yard (Off Duke Street) ⊖ Piccadilly Circus - whitecube.com. Autre adresse : 144-152 Bermondsey St. - ⊖ Bermondsey.

Chelsea

▶**Saatchi Gallery** - *p. 74.*

Kensington

▶**Serpentine Gallery** - *p. 80.*

Soho

▶**The Photographer's Gallery** - 16-18 Ramillies St. - ⊖ Oxford Circus - thephotographersgallery.org.uk.

The City

▶ **Barbican Art Gallery** - Barbican Centre - Silk St. - ⊖ Barbican - www.barbican.org.uk.

Hoxton

▶**Victoria Miro Gallery** - *p. 101.*

Pour en savoir plus

Les rives de la Tamise, avec la Tour de Londres, à droite, et le Walkie Talkie, à gauche, conçu par l'architecte Rafael Viñoly.
J. Arnold Images/hemis.fr

Londres en quelques dates

43 – Fondation de la *Londinium* romaine.
2e s. – Construction du mur romain.
5e s. – Les Romains évacuent la ville.
8e-10e s. – Raids vikings et invasions.
1065 – Fondation de l'**abbaye de Westminster**.
1066 – Invasion normande : défaite des troupes de Harold II à Hastings et couronnement de Guillaume Ier.
1067 – 1097 – Edification de la **Tour de Londres**.
1157 – Installation des marchands de la Hanse dans la **Cité** de Londres.
1192 – Élection du premier maire de la Cité, Henry Fitzailwin.
1209 – **London Bridge**, premier pont de pierre, remplace le pont romain.
1216 – Les barons obligent le roi Jean sans Terre à ratifier la **Grande Charte** *(Magna Carta)*, fondement des institutions anglaises.
1349 – La **peste noire** dévaste Londres.
1530-1532 – Construction du **palais St James**.
1536-1539 – **Réforme** : rupture de l'Église anglaise avec la papauté.
1555 – Bref rétablissement du catholicisme : 300 protestants périssent sur le bûcher à Smithfield.
1558 – Rétablissement de l'Église protestante anglaise avec l'arrivée sur le trône d'Élisabeth Ire.
1567 – Création de la 1re **Bourse**.
1599 – Inauguration du **Globe Theatre** à Southwark.
1600 – Création de la Compagnie anglaise des Indes orientales.
1642 – Début de la guerre civile. Cavaliers (royalistes) et Têtes rondes (parlementaristes) s'affrontent.
1649 – Exécution de **Charles Ier** le 30 janvier, devant le palais de Whitehall.
1649-1660 – République, dite « Commonwealth of England ».
1653 – **Cromwell** devient lord-protecteur de la République.
1655 – Retour en force des Juifs, bannis de la City depuis le 13e s.
1660 – Restauration; le roi autorise les représentations théâtrales à **Covent Garden**.
1665 – **Grande Peste** : 75 000 victimes, sur 460 000 habitants.
1666 – **Grand Incendie** et naissance du premier journal londonien.
1666-1723 – Réédification de la **cathédrale St Paul** et des églises de la City par Christopher Wren.
1685 – Arrivée de nombreux huguenots français (révocation de l'édit de Nantes).
1688 – Guerre civile : exil de Jacques II; le trône est offert à **Guillaume d'Orange**.
1750 – Construction du **pont de Westminster** (Westminster Bridge).
1753 – Fondation du **British Museum**.
1756-1763 – Guerre de Sept Ans qui oppose la Grande-Bretagne et la Prusse à la France et à l'Autriche.
1812 – John Nash conçoit et bâtit **Regent Street**.
1824 – Ouverture de la **National Gallery**.

1835-1860 – Reconstruction du **palais de Westminster** *(Houses of Parliament)*.
1836 – Fondation de l'université de Londres (University of London).
1851 – Première Exposition universelle à Hyde Park.
1852-1909 – Construction des musées de **South Kensington**, dont le Victoria and Albert Museum.
1863 – Percement de la première ligne de **métro**.
1894 – Inauguration de **Tower Bridge**.
1938 – Création de la **Green Belt** (« ceinture verte » autour de Londres).
1940-1941 – **Blitz** : le bombardement de Londres ouvre la bataille d'Angleterre.
1951 – Le **Festival de Grande-Bretagne** *(Festival of Britain)* est organisé pour « redynamiser la nation ».
1958 – Les premières femmes entrent à la Chambre des lords.
1976 – Inauguration du **National Theatre**.
1979 – **Margaret Thatcher**, 1re femme Premier ministre du pays.
1981 – Création de la **London Docklands Development Corporation** pour réhabiliter les docks; mariage de Charles et Diana.
1982 – Inauguration du **Barbican Centre**. Construction de la Thames Barrier (barrage sur la Tamise).
1990 – **John Major** Premier ministre.
1994 – Inauguration du tunnel sous la Manche.
1997 – Retour du Parti travailliste (Labour) au pouvoir avec **Tony Blair**. Mort de la princesse Diana à Paris.
1998 – Réouverture du **Globe Theater**; inauguration de la **British Library**. Référendum : les Londoniens élisent désormais leur maire.
1999 – Travaux liés au nouveau millénaire : Dôme (Greenwich), prolongement de la ligne du Jubilé, **Millennium Bridge** et **Tate Modern**, London Eye, Grande Cour du **British Museum**.
2003 – 1re ville européenne à adopter le système du péage urbain.
2005 – Attentats terroristes.
2007 – **St Pancras** devient la gare d'arrivée des trains Eurostar.
Gordon Brown Premier ministre.
2008 – **Crise financière**.
2010 – Retour du Parti conservateur (Tory) au pouvoir : **David Cameron** Premier ministre.
2011 – Mariage de Kate Middleton et du prince William; manifestations contre le plan d'austérité.
2012 – Londres accueille les **XXXe Jeux olympiques**. Jubilé de diamant : 60 ans de règne d'Élisabeth II.
2013 – Ouverture du **Shard** au public.
2015 – David Cameron est reconduit au poste de Premier ministre; Élisabeth II bat le record de longévité sur le trône : 63 ans, 7 mois et 2 jours.
2016 – Le travailliste **Sadiq Khan** devient maire de Londres. Victoire du **Brexit** avec 51,9 % des voix (Londres a voté contre à 59,9 %) par référendum le 23 juin; **Theresa May** devient Premier ministre.
2017 – Déclenchement de l'article 50 le 29 mars : le Royaume-Uni a 2 ans pour sortir de l'UE; vague d'attentats terroristes dans le centre de Londres; incendie de la tour Grenfell (plus de 70 morts).
2018 – Mariage du prince Harry et de Meghan Markle.

Architecture et urbanisme

Ce qui frappe le plus le visiteur à Londres, c'est sans doute la multitude des styles, l'absence d'unité architecturale et la vision décomplexée du mélange des genres. L'histoire heurtée de la ville, sa destruction quasi totale lors du Grand Incendie de 1666, les dégâts monstrueux infligés par les bombardements allemands de la Seconde Guerre mondiale et la nature particulière de sa géographie urbaine sont autant de facteurs d'explication. Ainsi, rares sont les traces de son passé architectural. De la **période normande** reste la Tour de Londres *(p. 58)*. **Le palais et l'abbaye de Westminster** *(p. 14 et 16)*, eux, témoignent de la **période gothique**.

UN URBANISME DÉROUTÉ

Londres n'est pas une ville, mais un patchwork de villages, chacun ayant grandi jusqu'à sa rencontre avec le voisin sans qu'aucun plan ne vienne jamais en régler le développement. Le système d'irrigation, un lacis de ruisseaux drainant les villages et charriant les ordures, défia longtemps tous les urbanistes et ne fut organisé qu'à la fin du 19e s. Au niveau administratif, la capitale est bicéphale, écartelée entre Westminster et la City. Difficile aujourd'hui de trouver un quartier qui ne présente pas de rupture architecturale, quand chaque projet est pensé le plus souvent sans prise en compte de son environnement. Cela donne des juxtapositions surprenantes.

RENAISSANCE PALLADIENNE

En Angleterre, le style gothique a prévalu tardivement, et la Renaissance n'a laissé sa marque qu'à partir de la fin du 16e s. grâce au travail d'**Inigo Jones** (1573-1652). Cet urbaniste, considéré comme le fondateur de l'architecture anglaise, admirait le style classique de la Renaissance italienne initié par **Andrea Palladio** (1508-1580). C'est à Jones que l'on doit Covent Garden *(p. 35)* ou la Banqueting House de Whitehall *(p. 20)*. Le **style palladien** s'inspire de l'Antiquité, avec des façades sobres, symétriques, rythmées de hautes fenêtres, de colonnes ou d'arcades, et surmontées de balustrades, de corniches ou de frontons et de coupoles.

LE BAROQUE ANGLAIS

Au début du 17e s., avec la Contre-Réforme en Europe continentale, la Renaissance évolue peu à peu vers le baroque. Il s'agit d'adoucir la rigueur de l'architecture en la rendant moins symétrique et plus ornée. Après le Grand Incendie de 1666, la reconstruction de Londres offre l'occasion d'appliquer ce nouveau

TonyBaggett/iStock

L'architecture de style georgien.

style, sous la férule d'un autre architecte majeur, **Christopher Wren** (1632-1723). Une commission fixe alors la largeur des rues, la hauteur des édifices et les matériaux à utiliser. Wren réalise notamment la cathédrale St Paul (p. 48). Son inspiration est un mélange équilibré de baroque italien et de palladien. On retrouve dans son style les colonnades, les coupoles et les frontons, auxquels s'ajoute une splendeur manifeste.

LE NÉOCLASSICISME

Suivant les traces de Wren, les architectes du 18e s. font la liaison entre sa version du baroque et l'héritage palladien, donnant le style néoclassique, où l'on retrouve les allures de temple antique avec des ajouts plus ou moins discrets. Parmi eux, Colen Campbell (1676-1729), William Kent (1685-1748) ou **James Gibbs** (1682-1754) qui réalise St Martin-in-the-Fields (p. 22).

LE STYLE GEORGIEN

S'inscrivant dans le mouvement général néoclassique, le style georgien est typique de l'Angleterre et couvre les règnes des rois George (de la maison de Hanovre) au 18e s. Ses plus célèbres représentants sont **William Chambers** (1723-1796) et **Robert Adam** (1728-1792). Il s'agit d'une réinterprétation des styles antiques auxquels se mêlent peu à peu des fantaisies, petites folies et

fausses ruines qui viennent orner les parcs. C'est de cette époque que date le British Museum *(p. 90)*.
Par ailleurs, Londres explose démographiquement et il faut loger les familles : les **terraced houses**, ces rangées de maisons attenantes et semblables qui donnent leur unité aux rues anglaises et signent le caractère georgien, se multiplient.

LE STYLE REGENCY

À partir de 1811, le prince régent, futur George IV, est au pouvoir. L'heure est aux grands aménagements. Parmi les architectes du style Regency : **Henry Holland** (1745-1806), **John Soane** (1753-1837) ou Thomas Cubitt (1788-1855). Mais le plus important est sans doute **John Nash** (1752-1835), à qui l'on doit Regent Street, les **terraces** qui bordent Regent's Park *(p. 88)*, Carlton House Terrace *(p. 24)* et l'aile ouest de Buckingham Palace *(p. 24)*. Nash s'est distingué par la vision globale qu'il a présentée du développement de tout un quartier de Londres, allant de Regent's Park à Regent Street, Trafalgar Square et St James's Park.

L'ÉCLECTISME VICTORIEN

Les architectes vont ensuite chercher l'inspiration dans le patrimoine national. On réinvente des références et on les mélange de façon souvent outrancière. Après le gothique, on s'intéresse au roman, au normand anglais. L'exemple le plus imposant de **néogothique** à Londres est **Houses of Parliament** *(p. 14)*. D'autres associations de styles s'observent au **Natural History Museum** *(p. 77)* ou à Tower Bridge *(p. 59)*.
Le 19e s. voit aussi la construction de **quartiers résidentiels** : simples maisons attenantes en brique rouge dans les quartiers modestes ou styles plus élaborés, pour les quartiers plus cossus. **Cadogan Square** *(p. 71)*, près de Knightsbridge, compte parmi les ensembles les plus remarquables. Jusqu'aux années 1870, les édifices multiplient détails et ornements, puis s'opère un retour à plus de simplicité. Le mouvement **Arts & Crafts** de **William Morris** (1834-1896) privilégie la qualité et la supériorité de l'artisanat d'art sur l'industrie.

LE 20e SIÈCLE

Ce siècle marque l'abandon progressif des lourdeurs éclectiques pour préférer les formes évoquant la nature. Sur le continent, ce sera l'Art nouveau ; en Angleterre, on parle de **Modern Style**. À partir des années 1920, le **Style international** rompt avec les excès du 19e s. L'objectif devient la fonctionnalité de l'édifice. Les matériaux sont le béton, le verre et l'acier, les formes géométriques se veulent efficaces, l'espace et la lumière sont optimisés. Mais l'Angleterre a du mal à se défaire de ses styles passéistes, notamment du néogothique pour les constructions officielles. Le modernisme tarde aussi à s'affirmer en ce qui concerne les ensembles résidentiels.
Les destructions massives du Blitz n'ont pas laissé place à la créativité elles non plus. Il suffit de voir la lourde masse du **Barbican Arts Centre** *(p. 52)* pour s'en convaincre ou,

plus intéressant, mais tout aussi contesté, l'immeuble de la **Lloyd's** (*p. 56*) de Richard Rogers. Parmi les ensembles urbains, il faut citer le quartier de **Canary Wharf** (*p. 105*), élégant et futuriste avec ses tours de verre et d'acier. Mais ce sont les réhabilitations qui sont les plus marquantes : celles de **St Katharine's Docks** (*p. 104*), **Butler's Wharf** (*p. 60*) ou le long de **South Bank** (*p. 65*).

LE 21e SIÈCLE

La multiplication des tours

La première décennie du 21e s. a vu le nombre de **gratte-ciel** croître à Londres. Depuis le début des années 2000, plus de trente tours de 100 m ou plus ont vu le jour, dont certaines sont encore en construction, et près de 50 projets de même envergure ont été approuvés par la mairie de Londres. La ligne d'horizon en a été bouleversée, au point qu'en 2007, la municipalité a dû légiférer afin de protéger certains « **couloirs de vues** ». La cathédrale St-Paul, le Parlement, la Tour de Londres ou bien encore Buckingham Palace font partie de la liste des monuments dont la silhouette doit rester clairement visible. La limite reste ténue. Ainsi, la forme effilée du **Cheesegrater** de Richard Rogers ne gêne pas la vue sur la cathédrale St-Paul depuis Fleet Street. En revanche, **The Shard** (le « tesson »), de Renzo Piano (2012), a créé la polémique (*p. 62*). Plus haute tour d'Europe, avec ses 310 m, elle « écraserait » la cathédrale aux yeux des instances de l'English Heritage (l'équivalent des Monuments historiques).

Green style

Le choix des courbes, formes et dimensions relève parfois d'un souci écologique. Prenez le 30 St Mary Axe, phare de la City, qui a été affublé du sobriquet **The Gherkin** (« cornichon ») (*p. 56*). Ses lignes aérodynamiques servent, en fait, à canaliser le vent, ce qui permet de ventiler naturellement les bureaux. De même, si la structure ovale du **City Hall** (*p. 61*), édifiée sur les bords de la Tamise, peut paraître incongrue, elle s'explique notamment par des systèmes très techniques d'exposition aux vents et au soleil, d'économie de matériaux de revêtement, etc. Autre exemple : c'est grâce à ses 148 m de haut que la **Strata Tower** (2010), dans le sud de Londres, accueille des éoliennes capables de générer 8 % de ses besoins en électricité.

Stratford, une forme olympique !

À 5 km à l'est de la City, la ligne d'horizon a aussi connu de profonds bouleversements suite aux **XXXe J.O**. En effet, le choix du site s'est arrêté sur cette zone d'usines à l'abandon. Le défi était de taille puisque la superficie totale, d'environ 220 ha, couvrait un terrain plus vaste que Hyde Park. C'est donc là, à **Stratford**, que le site olympique a vu le jour. Pour rendre ce nouveau pôle plus attractif, **Westfield Stratford City**, le plus vaste centre commercial d'Europe, y a ouvert ses portes en 2011. La plupart des infrastructures du parc, désormais appelé **Queen Elizabeth Olympic Park**, sont en cours de réaménagement pour être réutilisées,

Une gentrification galopante

Dans les années 1960, les quartiers pauvres et ouvriers du nord de Londres, comme Islington, voient débarquer une nouvelle population de petits bourgeois, d'artistes et d'intellectuels. En s'installant et en rénovant habitations, commerces et espaces publics, cette classe moyenne va peu à peu faire flamber les prix de l'immobilier et obliger les populations ouvrières d'origine à s'en aller, modifiant ainsi complètement le profil socio-économique de certains quartiers. Un phénomène d'embourgeoisement urbain ou de « boboïsation » qui prend, en 1964, le terme de « gentrification », de l'anglais « gentry » (petite noblesse), sous la plume de Ruth Glass, sociologue américaine alors installée à Islington. Depuis, la gentrification londonienne s'est étendue à l'East End et galope désormais vers les quartiers populaires du sud de la Tamise, comme Brixton ou Peckham.

parfois à d'autres fins, tandis que d'autres ont été démantelées. Reste notamment l'emblème des J.O., **The ArcelorMittal Orbit**, sculpture de 115 m conçue par Anish Kapoor, qui accueille depuis 2016 le plus long toboggan du monde et la plateforme d'observation, qui révèle une vue impressionnante sur le site et tout Londres. L'**Aquatics Center**, réalisé par Zaha Hadid, continuera quant à lui à accueillir diverses compétitions.

Et toujours des projets…

Le plus grand chantier de rénovation urbaine d'Europe se tient actuellement sur la rive sud de la Tamise, en face de Chelsea. Il s'agit du nouveau quartier de **Nine Elms** *(www.nineelmslondon.com)*, un projet pharaonique centré autour de l'ancienne centrale électrique de **Battersea**. La réhabilitation de ce bâtiment historique, immortalisé sur la pochette d'un album des Pink Floyd, mobilise les architectes du monde entier, parmi lesquels **Norman Foster** et Frank Gehry, et donnera naissance en 2020 à un vaste complexe de logements, de commerces, de restaurants, de lieux de loisirs et d'institutions culturelles. Mais le projet de Nine Elms ne s'arrête pas là ! Plus d'une trentaine de chantiers y sont en cours ou à venir : édification de nouveaux gratte-ciel, dont le Sky Gardens Nine Elms à Vauxhall, ouverture de deux stations de métro et extension de la Northern Line, inauguration de la nouvelle ambassade des États-Unis, aménagement d'un immense marché alimentaire, le New Covent Garden Market, ainsi que de nombreux espaces verts. En bref, une nouvelle ville dans la ville !

Du côté de Canary Wharf, la Spire Tower, prévue pour 2020, s'apprête à devenir le plus haut immeuble résidentiel d'Europe. Il est déjà possible d'acheter sur plan pour vivre à… 235 m du sol.

D'ici 2026, le *skyline* de la City va être complètement transformée avec l'apparition d'une dizaine de nouveaux gratte-ciel. Le plus haut, **1 Undershaft**, dont le projet de construction a été validé en 2016, devrait atteindre plus de 290 m.

La famille royale

Comment évoquer Londres sans penser à la reine d'Angleterre ? Parmi les grandes attractions touristiques de la capitale, on compte bien sûr les défilés des gardes compassés sous leur grand bonnet en poil d'ours, impavides même sous la canicule, et les boutiques de souvenirs kitsch.
La royauté à Londres, c'est Buckingham Palace, la Tour de Londres et les joyaux de la Couronne, mais aussi les fêtes comme **Trooping the Colour**, célébration à date fixe de l'anniversaire du souverain, quelle que soit sa date de naissance !

QUEL RÔLE RÉEL ?

Élisabeth II, l'un des plus anciens souverains à régner, est le **chef de l'État**, du Commonwealth et de l'Église d'Angleterre. Sous le règne de Victoria, les possessions anglaises constituaient un empire dont les territoires bénéficiaient de plus ou moins d'autonomie. Au 20e s., l'ensemble a évolué vers le **Commonwealth**, une libre association d'États politiquement indépendants, les *dominions*. Chaque *dominion* accepte librement ce statut et, à la mort d'un souverain, reconnaît officiellement son successeur.
En pratique, la **monarchie** britannique est **constitutionnelle** et le pouvoir réel revient au **Premier ministre**, chef du parti majoritaire, après des élections au suffrage universel. Le Premier ministre et son gouvernement dirigent, mais la reine garde le droit constitutionnel de le révoquer et de dissoudre le Parlement.

TOUJOURS À LA UNE

L'opinion des Britanniques sur leur famille royale reste ambiguë, allant de la fascination pour les articles des **tabloïds** à l'adhésion inconditionnelle à la tradition, en passant par l'exaspération devant la frivolité de certains de ses membres. Après la désaffection des Anglais pour le prince Charles, leurs sentiments se sont adoucis. Si la moitié d'entre eux refuse que Camilla, épousée en 2005, prenne le titre de reine, la moitié s'attend aussi à ce que Charles soit tout de même un bon roi. De son côté, William a vécu avec Kate Middleton avant leur mariage officiel, en avril 2011, sans que personne ne s'en offusque ; seules les frasques du prince Andrew alimentent encore la presse *people*. Les festivités du Jubilé de diamant de la reine, en 2012, ont remis à la une l'attachement des Britanniques à la Couronne. Un sondage révélait alors que 69 % d'entre eux approuvent la monarchie. Ce qu'a confirmé l'engouement pour les naissances des trois enfants de William et Kate, et le mariage du prince Harry avec Meghan Markle en 2018. Une décennie placée sous le signe de l'amour et l'œil bienveillant d'Élisabeth II, qui a battu en 2015 le record de longévité sur le trône jusqu'alors détenu par Victoria. En 2018, elle a fêté ses 66 ans de règne et ses 92 ans.

Un leadership chahuté

Témoignant d'une formidable énergie, Londres n'échappe cependant pas aux contrastes et aux tensions.

UNE PLACE DE LEADER

Plaque tournante des affaires, la **City** est l'une des trois premières places financières mondiales avec New York et Tokyo. Grâce à ses **banques**, ses sociétés d'**assurances** et ses cabinets d'investissement, son rayonnement dépasse le cadre national. Aujourd'hui, le **London Stock Exchange** doit une grande partie de sa croissance à des sociétés étrangères soucieuses d'une cotation internationale et de l'accès à des capitaux sur une place de renom. Les autres secteurs dominants à Londres sont le **tourisme** (10 % du PNB de la ville) et surtout les **médias** et la **publicité**.

La crise de 2008

La crise financière qui a ébranlé la City en 2008 a sérieusement fragilisé la capitale. Avec la faillite de grands établissements, de nombreux « cols blancs » ont perdu leur emploi du jour au lendemain. L'économie britannique est alors entrée en récession. Face à l'accroissement de la dette publique, le gouvernement Cameron a annoncé un **plan de rigueur** sans précédent. Après une sortie de crise à la fin 2009, la Grande-Bretagne a rechuté deux ans plus tard. Le plan d'austérité et l'aggravation du taux de chômage ont déclenché des émeutes à Londres et dans les principales villes du pays. L'organisation des **XXXe J.O.** d'été a fait oublier un temps une économie morose, mais elle n'a pas arrangé les déficits : le budget prévu pour les festivités a été multiplié par trois. Depuis, aidée par la politique monétaire accommodante de la Banque d'Angleterre, l'économie britannique a retrouvé la forme. Le taux de croissance s'élevait à 2,2 % en 2015 et à 2,8 % en 2016.

LONDRES À L'HEURE DU BREXIT

Depuis la victoire surprise du Brexit, le 23 juin 2016, avec 51,9 % des voix par référendum, la capitale anglaise, qui avait voté contre à 59,9 %, a été quelque peu fragilisée. Face aux incertitudes qui planent, certains Européens n'ont pas attendu la mise en place officielle du Brexit pour quitter Londres. Conséquence directe, les chefs d'entreprises de certains secteurs ont depuis du mal à recruter. La chute de la livre sterling, qui a atteint en 2017 son plus bas niveau depuis la crise financière de 2008 n'a pas non plus réjoui les Londoniens, qui ont vu leur pouvoir d'achat diminuer. Connue pour son multiculturalisme, la capitale n'entend cependant pas laisser le Brexit ternir son image et mise désormais sur la culture et le tourisme. La ville s'est donnée pour objectif d'augmenter le nombre de visiteurs de 30 % d'ici à 2025.

Melting-pot

L'élection en mai 2016 du travailliste Sadiq Khan à la tête de la mairie de Londres témoigne à elle seule de l'extraordinaire multiculturalisme de la ville. Récoltant 56,8 % des voix, ce fils d'immigré pakistanais et musulman de confession a eu la faveur de la population londonienne, dont plus d'un tiers est née hors du Royaume-Uni. Près de 270 nationalités sont en effet représentées dans la capitale et plus de 300 langues y sont en usage. Les plus importantes communautés sont les Indiens (6 %), les Noirs africains (5 %) et les Jamaïcains (5 %).

LE MULTICULTURALISME

En Angleterre, l'intégration passe par le regroupement en quartiers et en microsociétés. Les immigrés descendant des populations des anciennes colonies font aujourd'hui partie de la classe moyenne, voire des milieux d'affaires, témoignant de l'ambition croissante des jeunes. Même si les frontières sont avant tout économiques et sociales, chaque communauté possède son quartier historique. Les Noirs africains vivent principalement dans les quartiers populaires du nord et les poches de pauvreté du centre-ville. La population des Caraïbes se concentre elle aussi dans le centre et les quartiers pauvres de la rive sud, comme **Brixton**. La communauté bangladaise se trouve dans l'East End, autour de **Brick Lane** (*p. 100*). Les Chinois ont, quant à eux, investi quelques rues de **Soho** (*p. 32*).

Chaque communauté a conservé ses propres fêtes et traditions, comme le célèbre carnaval jamaïcain de Notting Hill et le Nouvel An chinois (*p. 165*). Dans le Grand Londres, vers Wembley, on visite également le plus grand temple hindou hors d'Inde, le **BAPS Shri Swaminarayan Mandir** ou Neasden Temple *(105-119 Brentfield Rd - londonmandir.baps.org)*.

UN FLUX CONTINU

La Grande-Bretagne a toujours prôné la liberté d'expression et la tolérance politique à l'encontre des minorités, rendant possible la cohabitation pacifique entre les communautés. Avec les réfugiés des pays musulmans, les Européens de l'Est forment toujours aujourd'hui le plus gros de l'immigration, à laquelle s'ajoute un flux non négligeable de jeunes diplômés de haut niveau que la liberté de travailler au sein de l'Europe rendait jusqu'à présent plus facilement mobiles. Cependant, d'un point de vue économique, le débat fait rage sur les coûts et bénéfices d'une immigration massive.
En 2015, le Royaume-Uni a connu un solde migratoire de 330 000 personnes, dont 184 000 Européens. Un chiffre dont se sont emparés les partisans du **Brexit** lors du référendum de juin 2016. L'un de leurs principaux objectifs en quittant l'UE : réduire l'immigration en provenance de l'Union européenne et limiter les paiements des aides sociales.

La scène anglaise

Dominé dans l'imaginaire collectif par **Shakespeare**, le théâtre fait partie intégrante du quotidien de Londres depuis cinq siècles. Malgré les hauts et les bas de la royauté, le théâtre est resté au fil des siècles l'une des grandes traditions culturelles britanniques avec, dans les pas de Shakespeare et Marlowe, des auteurs comme **Ben Johnson** (1572-1637) ou les Irlandais **Thomas Sheridan** (1719-1788), **Oscar Wilde** (1854-1900) et **George Bernard Shaw** (1856-1950). Aujourd'hui, Alan Ayckbourn, Edward Bond ou Tom Stoppard comptent parmi les dramaturges de tout premier plan, et Debbie Tucker Green et Roy Williams s'annoncent comme une brillante relève.

LA SCÈNE ALTERNATIVE

En 1963, la **National Theatre Company** est créée afin de produire des œuvres originales ne pouvant être jouées dans les **théâtres du West End** (*p. 143*) en raison de la pression commerciale. Les années 1990 voient les reprises de grands classiques s'affirmer et des œuvres communautaires éclosent. Parallèlement, les petites scènes se multiplient, souvent de façon confidentielle, abordant des thèmes très particuliers, controversés ou provocateurs. Cela permet aux auteurs reconnus de produire leurs œuvres les plus expérimentales et aux plus jeunes de rencontrer leur public et de se confronter à la critique. Les scènes les plus notables sont le **Bush Theatre** à Shepherd's Bush, le **King's Head** à Islington et le **Battersea Arts Centre** à Clapham.

LA COMÉDIE MUSICALE

Depuis 1960, et grâce à *Oliver!*, première création anglaise « moderne » à s'exporter à travers le monde, le *musical* rencontre un immense succès. Ce genre mêle adroitement une intrigue – souvent adaptée de la littérature, du théâtre classique ou du cinéma – et des chansons dont la portée narrative exacerbe les émotions des personnages. Si la comédie musicale a été inventée aux États-Unis, force est de constater que, tout au long des années 1980, ce sont les Anglais qui ont alimenté les théâtres de Broadway : *Evita*, *Cats*, *Les Misérables*, *Le Fantôme de L'Opéra* ou encore *Miss Saigon* sont tous *made in England*.
Andrew Lloyd Webber (compositeur) et **Cameron Mackintosh** (producteur), deux géants de l'industrie du *musical*, sont à l'origine des plus belles réussites du West End et de Broadway, et possèdent, à eux deux, une bonne douzaine de théâtres.
De nouvelles productions s'installent chaque année dans la capitale, s'ajoutant ainsi aux grands classiques.
À ne pas manquer donc : *Les Misérables*, *Le Fantôme de l'Opéra*, l'incontournable *Roi Lion*, *Wicked*, le très drôle *Book of Mormon* ou encore *Dreamgirls* et *Kinky Boots*.

Côté pop

Le rock'n roll, né dans les années 1950 aux États-Unis, s'impose à l'Europe dans les années 1960. En Angleterre, il se transforme selon l'inspiration des artistes du Swinging London pour devenir la **pop music**.

LES GROUPES PIONNIERS

Deux groupes vont en particulier susciter un engouement extraordinaire. D'un côté les **Rolling Stones**, qui font leurs débuts au Ealing Club et donnent leur premier concert en 1962. Menés par **Mick Jagger**, ils se veulent rebelles, accentuant les aspects violents du rock. De l'autre, les **Beatles** qui, bien qu'originaires de Liverpool, révolutionnent la musique populaire dans la capitale, enregistrant leurs albums dans leur studio d'Abbey Road.

LE TEMPS DES STARS

Au début des années 1970, de nouveaux courants s'imposent. Les **Pink Floyd** lancent une musique « symphonique » inspirée de l'Inde ou de l'Orient. **Led Zeppelin**, considéré avec Deep Purple comme l'un des pères du hard rock, se tourne vers des sons plus électriques. C'est également le début d'une pop grand spectacle avec des groupes comme **Queen**, **Genesis**, et des interprètes tels **Elton John** ou **David Bowie**, dont la mort en 2016 a suscité une immense émotion. **George Michael**, décédé la même année a, quant à lui, traversé les générations avec le groupe Wham dans les années 1980 puis en solo.

LE PUNK ET SES ENFANTS

En 1976, alors que la pop règne, la scène londonienne est secouée au cri de « *no Future !* » : les **Sex Pistols** incarnent le chaos. Les punks choquent, mais sont adorés par la jeunesse, et Johnny Rotten hurle *Anarchy in the UK* face à un public déchaîné. Le mouvement punk sera relayé par la **new wave**, qui rassemble des styles aussi différents que **The Cure**, **The Police** ou encore **Depeche Mode** et **The Clash**.

LA POP BRITANNIQUE AUJOURD'HUI

Les années 1990 voient l'émergence du mouvement **britpop**, avec des groupes influencés par le rock des années 1960-1980, comme **Blur**, **Oasis** ou **Radiohead**. C'est aussi l'arrivée d'une musique plus commerciale avec les **Spice Girls** ou le groupe Take That, qui a révélé **Robbie Williams**.
Les icônes des années 2000 sont plus atypiques : tout en se référant aux œuvres fortes du passé, elles créent un univers personnel. **Pete Doherty**, **Amy Winehouse** (1983-2011), Lily Allen ou Adele ont contribué à ce renouveau. Aujourd'hui, avec des groupes comme Bastille, Belle and Sebastian, London Grammar, The xx et Florence and the Machine, le rock anglais ne s'est jamais aussi bien porté.

La mode

Londres reste l'une des « capitales » incontestées de la mode, avec New York, Milan et Paris. Du parfait costume britannique sur mesure, classique voire quelque peu *old school*, aux créations de jeunes stylistes en passant par la mode de la rue, Londres continue de surprendre par sa créativité.

COSTUMES « BESPOKE »

Deux rues sont mythiques en matière d'élégance masculine. À **Savile Row** (Mayfair), princes, hommes d'État ou artistes internationaux ont leurs habitudes dans des maisons comme Henry Poole & Co, Gieves & Hawkes, Dege & Skinner, Richard James, etc. Ils s'y font faire des costumes *bespoke*, pièces uniques utilisant des tissus présentés comme des joyaux dans leur écrin (célèbres tweeds anglais ou autres merveilles venues d'ailleurs). **Jermyn Street** (St James's) est, quant à elle, très connue pour ses chemises, mais chapeliers et chausseurs y ont aussi leur place.

DU « SWINGING LONDON » AUX ANNÉES PUNKS

En 1955, **Mary Quant** crée la boutique Bazaar sur King's Road, vitrine des collections avant-gardistes. Elle lance la minijupe et les collants multicolores. Vers 1975 naît le mouvement punk porté par la créatrice **Vivienne Westwood** (*p. 136*). Celle-ci reste aujourd'hui présente dans les grands défilés, toujours accompagnée d'un brin d'excentricité. Autre célébrité de la mode anglaise : **Sir Paul Smith**, qui a débuté en 1976 avec une ligne homme avant d'élargir son offre à la gent féminine (*p. 140*). Son style classique est « twisté » par un détail coloré ou un motif fleuri. Ses rayures de couleur sont devenues un emblème de la marque.

MODE CHIC ET « CHAV »

Les collections d'Alexander McQueen (disparu en 2010) comme celles de John Galliano ont longtemps dominé les podiums, tandis que de nouvelles personnalités se mettaient en place. **Stella McCartney**, écologiste convaincue, a notamment imposé sa marque éthique (*p. 136*), dont sont exclus cuir et fourrure.
Plus récemment, c'est l'ancienne Spice Girl **Victoria Beckham** qui a fait son entrée dans le paysage de la mode anglaise. Sa marque, classe et épurée, habille des stars comme Beyoncé ou Kate Winslet.
Dans la rue, la vogue des grandes marques a indirectement donné naissance au **chav**. Le mot désigne une jeunesse de milieu modeste, cherchant à afficher son insertion sociale par des étiquettes haut de gamme et des bijoux voyants.
Tout autre, le **style vintage** connaît un engouement depuis les années 1990. Dans l'East End, les boutiques recyclant vêtements et accessoires des années 1920 à 1980 sont nombreuses.

La mode vintage.
M. Mayol/age fotostock

Les fermes urbaines

Avec ses grands parcs et ses nombreux jardins, la capitale britannique arbore souvent un air champêtre, mais de là à trouver de véritables fermes... C'est pourtant bien le cas, à l'ombre des gratte-ciel de la City ! Certes, il ne s'agit pas de grandes exploitations agricoles. Ici, on produit du miel, là on vend des légumes, et la plupart accueillent des animaux que l'on peut venir caresser. Toutes sont gratuites et beaucoup comptent également de bons cafés où déguster des plats élaborés avec les produits de la ferme. On y apprend surtout le respect des bêtes, le souci de l'écologie et l'entraide à l'échelle d'un quartier. Voici quelques adresses dans l'East End et les Docklands, mais il existe bien d'autres *city farms*.
www.farmgarden.org.uk; www.visitlondon.com/things-to-do/activities/openspace/farm.

Spitalfields City Farm

Buxton St. - E1 5AR - Whitechapel ou Shoreditch High Street (Overground) - 020 7247 8762 - www. spitalfieldscityfarm.org - mar.-dim. 10h-16h.

À deux pas de Brick Lane, c'est l'une des plus centrales. Construite à l'emplacement d'un ancien dépôt de matériel ferroviaire, elle abrite des pensionnaires hauts en couleurs. Au cœur de ce quartier populaire, la ferme multiplie les actions : cours de cuisine, cueillette de légumes, club des fermiers en herbe, etc.

Stepney City Farm

Stepney Way - E1 3DG - Stepney Green - 020 7790 8204 - www.stepneycityfarm.org - mar.-dim. 10h-16h.

Gérée par des bénévoles, cette ferme se caractérise par les ateliers qu'elle propose (travail du bois, de la forge, soin des animaux).

Hackney City Farm

1A Goldsmiths Row - E2 8QA - Hoxton (DLR) - 020 7729 6381 - hackneycityfarm.co.uk - mar.-dim. 10h-16h30.

Courue pour son restaurant *(10h-16h30 sf lun.)* qui sert des plats maison à base de produits locaux et bio (dîner le jeudi avec plats italiens, vins bio et musique live), cette ferme est aussi réputée pour son marché du samedi (vente de légumes et miel produits sur place). On peut assister à la traite des vaches, prendre des cours de poterie, ou faire réparer son vélo !

Mudchute Park and Farm

Pier St. - E14 3HP - Mudchute (DLR) - 020 7515 5901 - www.mudchute.org - 9h-17h.

Couvrant 13 ha, la plus grande des fermes de Londres se niche en bordure de la Tamise, sur Isle of Dogs. La ferme elle-même n'est pas très grande, mais on peut voir les animaux dans les prés qui s'étendent à perte de vue (ou presque) ou monter à cheval au centre équestre. On se croirait vraiment à la campagne !

La table londonienne

« MODERN BRITISH »

L'ancien Empire britannique a laissé en héritage des recettes venues du Sud de l'Asie, d'Afrique, des Antilles, du Moyen-Orient et de l'Extrême-Orient, d'où une cuisine cosmopolite. Apparue voici plus de dix ans, l'expression « Modern British » a étiqueté une gastronomie librement inspirée des saveurs du globe, mettant à l'honneur des produits frais biologiques et une présentation raffinée. Des chefs tels Gordon Ramsay, Marcus Wareing, Bruce Poole ou le très médiatique **Jamie Oliver** sont les promoteurs de cette cuisine novatrice, qui n'a rien à envier à ses consœurs du monde entier. Depuis les années 2000, les chefs sacrifient de plus en plus à la mode du *street food* et du **restaurant pop-up**, établissement éphémère qui ouvre le temps d'une saison, voire d'une soirée. Pour être tenu au courant, il faut passer par les réseaux sociaux! L'engouement gustatif se popularise aussi à l'occasion de nombreux **festivals gastronomiques**, comme Taste of London *(london.tastefestivals.com)*, les Foodies *(www.foodiesfestival.com)*, le London Restaurant Festival *(www.londonrestaurantfestival.com)* ou encore les marchés nocturnes de Street Feast *(www.streetfeastlondon.com)*.

LE PARADIS DES « VÉGÉS »

Végétariens, végétaliens, vegan, Londres s'adapte à toutes les confessions. Tous les estomacs trouvent maintenant sans effort leur bonheur un peu partout dans la capitale, qui ne compte pas moins d'une centaine de restaurants spécialisés. Elle a d'ailleurs été l'une des premières en Europe à se mettre au diapason et se situe en deuxième place au classement des villes europennes les plus *vegan friendly* (après Berlin). Il n'est donc plus rare de tomber sur des adresses proposant des plats délicieux qui reussiront à convaincre les plus réfractaires. Même la *junk food* s'y met avec du *friend chicken* ou carrément un *kebaab vegan*. C'est à s'y méprendre.
Qu'on se le dise, le temps où l'on mangeait mal à Londres est definitivement révolu.

Crédits photographiques p. 4-5
(de gauche à droite et de haut en bas)

J. Fuste Raga/Prisma/age fotostock
G. Rooney/age fotostock
Nigel Young/Foster + Partners
J. Foulkes/4Corners/Sime/Photononstop
S. Vidler/Mauritius/Photononstop
U. Krüger/imageBROKER/age fotostock
D. Brenes/age fotostock
W. Bibikow/Photononstop
Hayes Davidson and Herzog & de Meuron
E. Davies/robertharding/age fotostock

Collection sous la direction de Philippe Orain

Responsable d'édition et rédactrice en chef du guide : Florence Dyan

Secrétaire d'édition Julie Subtil

Rédaction Christine Barrely, Jonathan Burteaux, Séverine Cachat, Mélanie Cornière, Sandrine Favre, Laurent Gontier, Anath Klipper, Hélène Le Tac, Laura Pertuy, Jérôme Saglio, Julie Subtil, Ronald Wood, Catherine Zerdoun

Ont contribué à ce guide Theodor Cepraga, Thierry Lemasson (**Cartographie**), Véronique Aissani, Carole Diascorn (**Couverture**), Maria Gaspar, Marie Simonet, Sophie Roques (**Iconographie**), Bénédicte Lathes, Isabelle Foucault, Marion Desvignes-Canonne (**Données objectives**), Andreea-Karina Gruia, Bogdan Gheorghiu, Cristian Catona, Hervé Dubois, Pascal Grougon (**Prépresse**), Dominique Auclair (**Pilotage**)

Conception graphique Laurent Muller (couverture et maquette intérieure)

Régie publicitaire et partenariats business-solutions@tp.michelin.com
Le contenu des pages de publicité insérées dans ce guide n'engage que la responsabilité des annonceurs.

Contacts Michelin
Guides Touristiques
27 cours de l'Ile Seguin, 92100 Boulogne Billancourt
Service consommateurs : tourisme@tp.michelin.com

Parution 2019

Michelin Travel Partner

Société par actions simplifiée au capital de 15 044 940 EUR
27 Cours de l'Ile Seguin - 92100 Boulogne Billancourt (France)
R.C.S. Nanterre 433 677 721

Dépôt légal : 08-2018 – ISSN 0293-9436
Compograveur : Michelin Travel Partner, Ilfov (Roumanie)
Imprimeur : IME by Estimprim, Autechaux
Imprimé en France : 08-2018

Usine certifiée 14001
Sur du papier issu de forêts gérées durablement (100 % PEFC)